郑连根◎著

读一页就上瘾的

中国史

上

华龄出版社

HUALING PRESS

**图书在版编目（CIP）数据**

读一页就上瘾的中国史 / 郑连根著 . —— 北京：华龄出版社，2023.10

ISBN 978-7-5169-2608-6

Ⅰ . ①读… Ⅱ . ①郑… Ⅲ . ①中国历史–通俗读物 Ⅳ . ① K209

中国国家版本馆 CIP 数据核字（2023）第 185705 号

| 选题策划 | 墨染九州 | | 责任印制 | 李末圻 |
|---|---|---|---|---|
| 责任编辑 | 郑雍 | | 装帧设计 | 末末美书 |

| 书　名 | 读一页就上瘾的中国史 | 作　者 | 郑连根 |
|---|---|---|---|
| 出　版 发　行 | 华龄出版社 HUALING PRESS | | |
| 社　址 | 北京市东城区安定门外大街甲 57 号 | 邮　编 | 100011 |
| 发　行 | （010）58122255 | 传　真 | （010）84049572 |
| 承　印 | 天津睿和印艺科技有限公司 | | |
| 版　次 | 2023 年 11 月第 1 版 | 印　次 | 2023 年 11 月第 1 次印刷 |
| 规　格 | 710 mm×1000 mm | 开　本 | 1/16 |
| 印　张 | 26 | 字　数 | 350 千字 |
| 书　号 | ISBN 978-7-5169-2608-6 | | |
| 定　价 | 108.00 元（全 2 册） | | |

# 第一辑　从原始部落到邦国

# 第二辑　秦汉

# 第三辑　隋唐

# 第一辑

## 从原始部落到邦国

# 两条大河与六个文化区

历史离不开故事，故事又离不开人和人活动的空间。

我们讲中华简史，当然离不开中国人和中国的地理。

在漫长的历史演进中，形形色色的中国人是演员，而中国的疆域便是舞台。但我们必须清楚的是，两者都是不断变动的，也就是说，在中国历史的这幕大戏中，不但演员不断更换，而且舞台也时大时小，演出的内容更是常演常新。

先谈舞台。以历史的视角来考察中国地理，我们所称的"中国"是指在不断变动中孕育出中国核心文化的那片自然地理空间。这片自然地理空间虽是一个弹性的存在，但我们可以确定它大致的范围。这个范围便是亚洲东部的一片广大区域。

整体上看，中国的地理空间呈现一定程度上的封闭性，东面和南面为大海所限，西面和北面则有高山阻隔。在这片广阔的区域内，地形地貌十分多样，有平原有草原，有沙漠有山脉，有湖泊有岛屿，有盆地有丘陵。与多样的地理环境相配合，中华文化也是一种多元文化的集合体。多元文化的形成，最初与中华先民在各地的生活方式不同密切相关。比如，在横跨中国北方的蒙古高原地区，那里的先民以放牧为生，他们逐水草而居，一年之内就迁徙多次，他们创造了游牧文化。黄土高原上的先民则以耕种农作物为生，他们吃苦耐劳、安土重迁，他们创造了农耕文化。在东南沿海及岛屿地区，则生活着渔民，他们靠出海捕鱼为生，敢于冒险，他们创造了海洋文化。这些不同类型的文化最后都汇入一条文明的大河之中，这条大河就叫作"中华文明"。所以，我们一定要知道，中华文明自古以来就是多元共存、谱系丰富的。

当然，"罗马不是一天建成的"，中国的疆域不是一开始就这么辽阔的，中国文化也不是从一开始就这么博大精深的。疆域的拓展和文化的生发是在漫长的历史中逐步形成的，这两点我们在后面会详细谈到。

接下来，我们遇到的问题是：最初的中国人来自何方？

关于人类的起源，有很多假说。其中，"现代人类非洲起源假说"是现代学者比较认可的说法。根据这个假说，古代人类大约在20万年前就在非洲出现了。到五六万年前，古代人类进入亚洲。他们沿着不同的路线迁徙而来：一支经印度洋，从南路进入太平洋的东亚沿海；一支穿过东南亚进入中国西南，然后向北、向东扩散；还有一支经过中东，进入亚洲北部地带。当然，还有本土诞生说。

最初，人类完全靠采集植物的果实和种子为生，所以一定要居住在水草丰茂的河流周围。这样，黄河流域和长江流域就成了中国的先民最早聚居的生活场所。到了距今一万年左右，北方黄河流域的人们学会了驯养黄牛、围猎和捕捞，生产食物的方式开始变得多元化。这标志着人类已从被动的食物采撷者向主动的食物生产者转变。这是一次了不起的进步。

距今七八千年前，人们在太行山东侧至渤海平原一带种植了粟（小米），这是中国人最早的农业活动。随后，小米的种植迅速扩散，一直传到今天的日本。与此同时，在南方的长江流域，人们也开始种植水稻。浙江地区的河姆渡文化遗址显示，当时的人们已经学会凿井、造船，他们还知道如何充分利用河水灌溉水稻。这样，农耕文明分别在黄河流域和长江流域发展了起来。根据袁行霈、严文明等主编的《中华文明史》的

**黑陶腰沿釜**

新石器时代河姆渡遗址出土。腹部置有较宽腰沿，起隔火和支撑作用，为炊煮器。

说法，到了新石器时期，中华文明已经在黄河流域和长江流域形成了六大文化区，即：今天内蒙古东部、辽西、河北一带的燕辽文化区，今天甘肃、青海一带的甘青文化区，今天山东一带的山东文化区，今天河南、山西一带的中原文化区，今天江苏、浙江一带的江浙文化区，今天长江中游一带的长江中游文化区。这六大文化区均有著名的考古文化为之佐证，比如燕辽文化区考古发现了红山文化和富河文化，山东文化区考古发现了北辛文化—大汶口文化—龙山文化，中原文化区考古发现了仰韶文化，（陕）甘青文化区考古发现了半坡文化，江浙文化区考古发现了河姆渡文化、良渚文化和马家浜文化，长江中游文化区考古发现了彭头山、大溪、屈家岭等文化。

更有意思的是，以上六大文化圈之间还彼此交流、相互影响。中原地区的仰韶文化、山东地区的北辛文化—大汶口文化—龙山文化与长江中游的屈家岭文化彼此相邻，自是不断交流、相互学习。北方的红山文化在四千多年前也经过张家口的草原通道，进入了山西的汾河谷地，与关中的仰韶文化相汇合。六大文化区的各自发展及相互聚合，形成了巨大的发展能量，最终促成了中国历史上著名的夏商周三代文明。

**小口尖底瓶**

新石器时代仰韶文化半坡类型的典型水器。

学历史的人都知道"北京人"、元谋人、蓝田人，他们是古代猿人，生活在漫长的旧石器时期。所谓旧石器就是指打制石器，基本类型只有砍砸器、刮削器、尖状器等几种。那时的猿人刚刚学会直立行走和使用火，利用石头制造工具的水平还比较低。

到了新石器时期，这次人类社会升级的幅度相当大。"现代人类"不但学会了使用磨制石器（新石器），而且还掌握了耕种技术，开始种植小米和水稻，自己生产粮食。

随着生产技术的发展，人类的生活方式也发生了巨大的变化。距今六七千年前，中国各地出现了农业村落，人们开始以群居的方式结成更大的生产、生活共同体。他们有了分工，学会了建筑城墙和房屋，学会了酿酒，也有了祭祀仪式。当然，这时部落中出现了贵贱之别，有了享受荣华富贵的统治阶层和受苦受难的普通百姓。

位于东北的红山文化显示，当时已有大型的酋长墓葬和祭坛，还有女神庙。红山文化的标志性文物是玉龙，这说明当时已经能雕刻出极为精美的玉器，而能享用高级墓葬和精美玉器的，无疑是部落中的统治阶层。

南方也一样，江浙地区的良渚文化也有祭坛、墓葬和

新石器时期的三件大事：种地、祭祀与烧陶

**白陶空足鬶**

新石器时代大汶
口文化文物，泥
质白陶。白陶是用
高岭土烧成，其
制作工艺在商代
时已十分成熟，是
比较贵重的工艺
品。陶质坚硬，烧
成温度在1 000℃
左右。

玉器。只不过，它的代表性玉器不是玉龙，而是玉琮。制造玉琮的技术更为不易——它不仅要求工匠能精准地切割大块玉石，还要将其加工成外方内圆的筒状物，玉琮上还要雕刻精美的花纹。

山东地区的大汶口文化村落规模相当庞大，发现的墓葬数量多，随葬品丰富，出现了贫富分化和夫妻合葬，为母系社会向父系社会转型提供了证据。大汶口文化以彩陶为特色，色彩艳丽，图案丰富。晚期出现了白陶和黑陶。而将黑陶技艺发展到极致的则是承继了大汶口文化的龙山文化，这一时期的黑陶精品以黑光亮著称，尤其是一种极为精美的高柄杯，陶胎薄如蛋壳，被称作蛋壳陶。

# 农业革命："让更多的人以更糟的状态活下去"

人类的历史相当漫长，有文字记载的历史只是其中比较短暂的一段而已。

人类在长达 250 万年的时间里只以采集和狩猎为生，到了大约 1 万年前才发生了农业革命——人类获取食物的方式从采集、狩猎转向了耕种和饲养家禽。这是一次人类发展史上的重大革命。农业革命让食物总量迅速增加，并出现了财产剩余。农业革命也让原始人的部落出现了更复杂的组织形态，有了社会分工，有了阶层分化，有了生产力的极大提升和文化的极大繁荣。

当然，人类也为农业革命付出了巨大的代价。以色列历史学家尤瓦尔·赫拉利在《人类简史》中就说："农业革命所带来的非但不是轻松生活的时代，反而让农民过着比采集者更辛苦、更不满足的生活。狩猎采集者的生活其实更为丰富多变，也比较少会碰上饥饿和疾病的威胁。确实，农业革命让人类的食物总量增加，但量的增加并不代表吃得更好、过得更悠闲，反而造成了人口爆炸，而且产生一群养尊处优、娇生惯养的精英分子。普遍来说，农民的工作要比采集者更辛苦，而且到头来的饮食还要更糟。农业革命可说是史上最大的一桩骗局。"他还说："这正是农业革命真正的本质：让更多的人以更糟的状态活下去。"

尤瓦尔·赫拉利的观点仅仅是一家之言。然而，就历史发展的全貌而言，农业革命的意义依然十分巨大。举凡人类文明的各大发源地，它们之所以能成为古代文化的佼佼者，无不是因为这些地区较早地进入农业革命的阶段。而且，也只有在发生了农业革命之后，原始部落的社会结构才出现了升级。

人类在靠采集、狩猎为生的 250 万年里，生活状态和精神活动都极其简单，且几乎一成不变。大约 1 万年前发生的农业革命意味着人类获取食物的方式从采集、狩猎转向耕种和饲养家畜。这是人类发展史上的一次重大革命。

**裴李岗文化**

中国新石器时代中期的文化。生产工具以磨制石器为主，制作精致，以带锯齿刃石镰、长条形扁平的双弧刃石铲和鞋底形四足石磨盘（附磨棒）最为典型，也有打制的刮削器等。当时已形成定居的聚落，经济生活以农业为主。

对此，美国历史学家斯塔夫里阿诺斯在《全球通史》中说："人类，且只有人类，能够创造一个自己想要的环境——这一人化的环境被称为文化，因为只有人类能够从现实生活中观察到或抽象出概念和事件……由于其独有的变革环境的能力，人类不必经过生理上的突变就能很好地应对周围的环境。对其他动物而言，生活在北极离不开皮毛，生活在沙漠必须有水源，生活在水中要靠鳍；而人类则通过自身所创造的文化，即经过新的非生物学的途径，就能解决这些问题。具体来说，人类文化包括工具、衣服、装饰品、制度、语言、艺术形式、宗教信仰和习俗。所有这一切合在一起就使得人类既能适应自然环境又能调整人际关系。"

农业革命让食物总量迅速增加，并出现了剩余财产。农业革命也让原始人的部落出现了更复杂的组织形态，有了社会分工，有了阶层分化，有了生产力的极大提升和文化的极大繁荣。这样的进步，不可谓不迅速。

其实，人类社会的发展一直是以加速度的方式进行的。农业革命是一次加速度，它几千年创造的文明成果超过了此前的250万年；工业革命也是一次加速度，它200多年创造的社会财富远远超过了此前的2 000多年；以生物技术、电子技术和互联网技术为标志的信息化革命更是一次加速度，它让人们的生活在几十年乃至几年之间就能发生重大的升级。

历史是有光芒的，它的光芒从遥远的古代发出，直接照亮了现实，并让人们有足够的理由相信未来。

# 中华始祖——黄帝

距今 4 000 多年前，红山、大汶口、良渚等新石器时期非常耀眼的几个文化区域几乎同时衰落。只有黄河沿岸的中原文化一枝独秀，继续稳定地发展。其他几个文化区衰落的原因至今仍是一个谜。

气象学显示，在这一时期，整个北半球长期经历干燥与寒冷。那么，是不是干燥而寒冷的气候导致新石器时期的文化区相继衰落呢？如果是，那为什么黄河沿岸的中原文化区得以独存？在那个异常干燥而寒冷的漫长岁月里，中华大地上到底发生了什么？我们现在还无法回答这些问题，至少是不能给出令人信服的解释。

且让我们把目光投向黄河沿岸。这里的土壤在地理学上被称为黄土台塬，土层深厚，深度从数百尺到数千尺。细如粉末的黄土中间有许多细小的孔隙，犹如毛细血管。通过这些黄土中间的细孔，地下深处的水分可以不断地被吸到地表，供给农作物生长所需的水分。有人说，黄土地的这种特点非常适合发展农耕文明，这可能也是它得以经受住干燥气候考验的一个重要原因。可是，农作物的生长不仅需要水分，还需要适合的气温，那么黄土地又是如何让生长在它上面的农作物度过漫长的寒冷期呢？这一点，同样是一个谜。黄土地本身的特性似乎无法提供充足的解释。

　　但不管怎么说，黄河沿岸的中原文化还是顽强地存活了下来，并不断发展，最终成了华夏文明的核心区域。"五帝"的传说就诞生在这片区域里。

　　"五帝"指的是三皇之后、夏代之前的五位英明神武的圣王，他们是：黄帝、颛顼、帝喾、尧、舜。在中国的历史叙事中，"五帝"是圣贤君王的典范，是华夏文明的开创者，也是历代君王学习的榜样。司马迁写《史记》，开篇就是《五帝本纪》，就是从我们尊为华夏始祖的黄帝开始写起的。

　　依照司马迁的记述，黄帝是少典部族的子孙，姓公孙，名叫轩辕。他"生而神灵，弱而能言，幼而徇齐，长而敦敏，成而聪明"。意思是，他一出生就有神异，出生不久就会说话，幼年时敏捷聪明，长大后敦厚，成年以后明察秋毫，一看就不是凡人。

黄帝之时，"诸侯相侵伐，暴虐百姓"，各部落之间整天互相打架，社会秩序混乱。为了把社会秩序从混乱中恢复，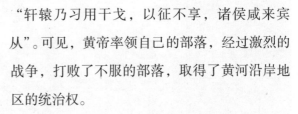"轩辕乃习用干戈，以征不享，诸侯咸来宾从"。可见，黄帝率领自己的部落，经过激烈的战争，打败了不服的部落，取得了黄河沿岸地区的统治权。

有两个部落对黄帝不服，一个是炎帝部落，一个是蚩尤部落。结果，黄帝与炎帝"战于阪泉之野"，大战三次，打败了炎帝，并将炎帝部落的人民和土地纳入自己的统辖之下。"炎黄子孙"的历史渊源即在于此。

黄帝又与蚩尤"战于涿鹿之野，遂禽杀蚩尤"。蚩尤本人先被活捉，后被杀掉，其部落也被黄帝收编了。自此之后，"诸侯咸尊轩辕为天子"，黄帝成了各部落公认的头领。当上天子之后，黄帝仍然不断地东征西讨，"天下有不顺者，黄帝从而征之，平者去之，披山通道，未尝宁居"。谁不归顺，黄帝就带兵去征讨。平定一个地区之后，黄帝才撤军，一路披荆斩棘，没有在一处长久居住过。

黄帝居住在轩辕山上的时候，娶了西陵氏的女儿嫘祖。嫘祖是第一个植桑养蚕的人，她向百姓传授了养蚕、缫丝、织帛技术。

嫘祖生了两个儿子，一个叫玄嚣，也就是少昊，少昊被封为诸侯，"降居江水"，这里所说的"江水"就是今天四川境内的岷江；另一个儿子叫昌意，也被封为诸侯，"降居若

**陶纺轮**

纺轮是捻线的原始工具。是纺锤上的小轮。圆形，中心有孔，孔中植以两端尖削的直杆，即为纺锤。纺轮多系陶制，也有石制。中国在新石器时代至汉代的遗址中常有发现。

水",这里所说的"若水",指的是今天四川境内的雅砻江。从这两个人的封地可看出,黄帝通过不断征伐,已经将势力范围拓展到四川的岷江和雅砻江流域。新石器时期的一个个分散的部落,到此时出现了整合的趋势,一个比原始部落更高级、更复杂的政治文化共同体喷薄而出。这个共同体似乎还不能称为严格意义上的国家,但它是众多部落的大联合,它有一个总盟主黄帝来行使最高权力,号令各部,统一治理。在后人的历史叙事中,黄帝是中华始祖,是第一个模范"天子",意即他统一了天下,并很好地治理了天下。"天下"不仅是地理概念,更是一种政治概念,拥有天下意味着有能力将广大地域内的各股势力纳入统一、有序的管理之中。

黄帝死后,埋葬在了桥山(桥山,一说在今陕西绥德西南,一说在今陕西黄陵西北),而他所开创的天下基业则传给了他的后代。第一位接替黄帝天子之位的人是颛顼。颛顼号高阳氏,他的父亲是昌意,祖父是黄帝。史书记载,高阳"静渊以有谋,疏通而知事,养材以任地,载时以象天,依鬼神以制义,治气以教化,絜诚以祭祀",完全是一个德才兼备的好君主。

颛顼去世之后,帝喾继位。帝喾是黄帝的曾孙,他的父亲是蟜极,蟜极的父亲是玄嚣,玄嚣的父亲就是黄帝。

帝喾生子放勋,就是后来的尧。尧后来把帝位以禅让的方式传给了舜,舜后来又传给了禹。这便是历史上著名的尧、舜、禹时期的"禅让"制度。

蚩尤是当时九黎族的部落首领，史书上说他"兄弟八十一人，并兽身人语，铜头铁额，食沙石子，造立兵仗刀戟大弩，威振天下"。这寥寥几笔的描述很容易让我们联想到神魔小说或是科幻小说。试想一下，一个人长着野兽一样的身体却说着人话，脑袋硬得跟铜铁一样，吃沙子和石头就像我们吃米饭和馒头，而且他会制造各种武器。我们不禁要问：这还是人吗？

再看蚩尤所造的兵器，剑、矛、戟、戈等全是他最先发明、制造出来的。最让人佩服的是，据说蚩尤还发明了弩。弩能杀敌于百步之外，是冷兵器时代名副其实的远程攻击武器，即使到了今天，弩还在一些国家的特种部队中使用。如果说弩真的是蚩尤发明的，那他可算是古代第一武器专家，其在武器发展史上的至尊地位无人可以撼动。

蚩尤还会巫术，能呼风唤雨，以便战时削弱敌方的战斗力。蚩尤如此厉害，炎帝都拿他没办法。开始，炎帝曾以官职和财物收买蚩尤。但是，蚩尤贪得无厌，一心想夺取帝位。他发兵攻打炎帝部落，炎帝抵挡不住，败逃到涿鹿，请求黄帝出兵救援。

黄帝决定与蚩尤交战。因为黄帝深得民心，所以其他部落纷纷投奔到黄帝的麾下，帮助攻打蚩尤。战争的过程大体可分为以下三个回合。

第一回合：黄帝调集各诸侯的军队，在冀州的郊野与蚩尤交战。黄帝首先命令长着翅膀的应龙在那里蓄洪积水，想淹没蚩尤的军队。结果，蚩尤发现应龙的意图，请来风神和雨神助阵。顿时，乌云黑风弥漫，大雨瓢泼，黄帝的部队迷失了方向，且为大雨所阻，陷入被动。

第二回合：面对困境，黄帝一边继续指挥作战，一边向天女魃求助。魃是个女神，主管干旱，所到之处滴水皆无，全部大旱数年。接到黄帝的求助后，魃赶到涿鹿，法力一施，大雨立止。蚩尤失去妖术，仓皇而逃。

第三回合：黄帝抓住战机并使用"指南车"给士兵指引追击方向，一举击败蚩尤的部队，把蚩尤本人也抓住杀掉了。史书记载，这一战异常惨烈，"流血万里"。当然，"流血万里"这种夸张性的描述与战争过程中双方展现的神勇法力相比，夸大的程度只能算是小巫见大巫，根本不值得我们大惊小怪。

**蚩尤雕像**

蚩尤是传说中制造兵器之人，又传为主兵之神。一说为东方九黎族首领。后与黄帝战于涿鹿（今河北涿鹿东南），失败被杀。一说黄帝欲合天下为一家，蚩尤制造剑、铠、矛、戟等兵器，助黄帝兼并各部落。

## 实力是王道

　　黄帝的故事虽然是传说，但我们依然可以据此大体确定，这一时期正是黄河沿岸的农耕部落不断壮大，并通过战争兼并其他部落的阶段。黄帝战胜炎帝、蚩尤的传说，表明的正是不同的部落族群之间相互兼并，走向更大共同体的残酷历程。

　　由于黄帝统一了各部，所以他身上的光环越聚越多，他的神勇也在传说的过程中越传越神。最后，他走上了神坛，真的成了一尊神。连带着，后来继承他帝位的四个人也成了神。

　　黄帝之后，尧、舜、禹的"禅让"故事亦是如此。关于三位圣君之间的"禅让"，自古以来就有两种说法。一种是正统的历史观，称这是品德高尚的统治者选贤、让贤的经典案例，尧把帝位让给了舜，舜在晚年又把帝位让给了禹，权力交接始终是在和平友好的氛围中完成的。另一种说法来自《竹书纪年》，说这三个君主之间的权力转让并不是和平而美好的，而是一种武力夺权——舜夺取了帝位，放逐了尧，禹也在夺权之后放逐了舜。而禹的儿子启，干脆以武力取代了原本被禹选为接班人的益。

　　两种说法哪个更真实？我不知道。我能说的是：两种情况在历史上都有可能发生，而且还可以"合二为一"——表面上是庄重友好、彬彬有礼的"禅让"，实际上则是以武力或实力来决定谁做领袖。三国时期，汉献帝与曹丕之间的权力转移就是以这样的方式完成的。盛大的"禅让"礼仪上，汉献帝言辞恳切地表示"让贤"，将皇帝之位"禅让"给曹丕，可实际上是形势所迫，不得不让。史书记载，完成"禅让"仪式后，坐上皇帝宝座的曹丕曾"顾谓群臣"，说："舜、禹之事，吾知之矣。"意思是，尧、舜、禹之间"禅让"的事情，我现在终于知道到底是怎么回事了。这话意味深长，且出自亲历"禅让"大典的帝王之口，实在值得注意。

与黄帝类似，史书上记载其他四帝及大禹的传说，表达的也是这些圣贤君王品德高尚、才能出众，且拥有特异功能。这些记载运用了夸张的手法是不言而喻的。人不可能神勇到能呼风唤雨、驱使猛兽乃至使鬼神替自己作战的程度。在科学发达的时代，人们对"五帝"身上的种种神异本领总是难以置信，这丝毫不奇怪。不过，遥想 4 000 多年前的古代社会，我们大概能推断他们何以被塑造成了神——他们本身不是神，但在部落不断发展并向外扩张的过程中，他们的个人魅力被无限放大，他们成了部落和部落联盟的代言人和精神领袖，他们完成了从人到神的转变。在当时的文化和技术条件之下，造神非但不会受到人们的质疑，反而可鼓舞士气、增强部落及部落联盟的凝聚力。

**尧帝像**

尧是传说中父系氏族社会后期部落联盟领袖。号陶唐氏，名放勋。传说曾命羲和掌管时令，制定历法。遍访四岳，选舜为继任人。对舜考核多年后，命舜摄位行政。后由舜继位。一说尧到晚年为舜所囚，其位也为舜所夺。

# 大禹治水：从治理水患到建立夏朝

"五帝"之后，中国历史进入了夏、商、周三代阶段。这一时期的史料记述虽然比较简略，但比以前部分要确切不少。

夏朝的创建者是大禹。他在舜统治时任司空，主持内政，以治水闻名，留下了"大禹治水十三载，三过家门而不入"的说法。此前，大禹的父亲鲧因治水失败而被杀。大禹吸取前人的教训，变堵塞为疏导，探索出了新的治水方法。他发现黄河流经的区域西高东低、北高南低，只要在太行山地段修凿出一条通道，河水就可顺利流向大海。于是，大禹成功治理了水患，得到了舜的信任和百姓的拥戴。他接受舜的禅让，当上了君王。

大禹根据中国的地理形势，将天下分为九州，并在九州实行父子相继的分封制。受大禹所分封的州，要向大禹统治的中央王朝进贡当地特产及缴税，这种中央与地方之间的分封与朝贡的模式，显然比原来的部落联盟更易于管理。这在历史上被称为"禹定九州"。

"禹定九州"对后世影响深远，"九州"后来成了中国的代名词，很多地区至今还沿用当年九州的说法，如冀州、青州、扬州、荆州等。这说明，大禹治水及随后统一管理九州的过程，其实也是一个传播中原文化，使中原政权的影响力不断扩张的过程。

为了大力发展农业、促进公平交易，大禹还下令统一了历法和度量标准。禹向全国颁布了夏历《夏小正》。夏历按照十二个月的顺序，标示每个月的星象、气象、物象以及与之相对应的农事和政事，以利于农业生产和行政管理，所以夏历又叫"农历"。另外，中国人至今还在使用的长度单位（如寸、尺、丈）和重量单位（如斤、两）也都是夏朝统一制定的。

大禹进行行政改革，创建了政军建制，有"六卿""六师"之类的军队官职，有"羲""和"之类管理四时的官员，还有"车正"之类分管兵器的官员。

为了惩治犯罪，大禹还让大臣施黯起草了禹刑，规定了各种罪行及相应的惩处办法，为此，还专门创制了关押罪犯的监牢，名为"圜土"。

大禹鼓励各地建造都城，以利于百姓定居和社会发展，《博物志》上说："禹退作三章，强者攻，弱者守，敌战，城郭盖禹始也。"此外，大禹还建立健全了教育、财政、礼乐、宗教祭祀、神灵占卜等一系列的规则和章程。

大禹的上述功绩不仅使他进入了圣贤君王的行列，我们亦可从中窥见自部落到邦国之社会升级。从治理水患到确立中央与地方的权力格局，以及实施历法、度量、行政等制度，这一切都表明大禹所统治的政权已跳出部落和部落联盟的窠臼，升级到了王朝的架构之中。

在统治一个新兴大国之际，大禹还善用以德服人的策略，让蛮族"三苗"自愿归顺，这让夏王朝的势力范围从黄河流域一下子拓展到了长江流域。大禹还亲自到东南地区巡

**夏禹像**

禹是夏代建立者。亦称"大禹""戎禹"。姒姓，名文命。鲧之子。原为夏后氏部落首领，舜时为司空，奉舜命治理洪水。后以治水有功，被舜选为继承人，舜死后即位。传曾铸造九鼎。又传曾克平三苗之乱。

视，在今天的安徽涂山举行大会，会盟各方诸侯。涂山之会，再次佐证了夏王朝强大的综合国力和影响力。凡此种种，使华夏民族一跃成为第一大政治文化族群。基于此，史学家将大禹定为夏王朝的开创者，堪称实至名归。

大禹去世之后，他的儿子启继承了帝位。至此，备受称赞的尧、舜、禹之间权力交接的禅让制为世袭制所取代。

夏朝存在了 400 多年的时间（公元前 21—公元前 17 世纪），但这个政权并非连续不断地掌握在大禹的后人之手，政权一度被神射手后羿所夺取。待到少康中兴后，夏朝的政权才重新得以巩固。

夏朝的最后一个皇帝是夏桀。他是有名的暴君，搜刮民脂民膏，大兴土木，过着奢侈糜烂的生活。大臣关龙逢好言相劝："照这样下去，会激起更大民愤，丧失更多人心。"夏桀听了，一生气，就把关龙逢给杀了。夏桀说："天上有太阳，只要有太阳，我就不会灭亡。"老百姓恨透了夏桀，就诅咒他说："这个太阳什么时候才会灭亡，我们宁愿与你同归于尽！"

夏桀听说有施氏的女子长得非常漂亮，就出兵讨伐有施氏，夺得美女妹喜。夏桀宠爱妹喜，愈发不把精力和心思用在治理国家之上。

就在夏桀日益堕落之际，黄河下游地区有个叫"商"的部落迅速崛起，这个部落的首领叫商汤。他是帝喾之子契的十四代孙，帝喾是黄帝的曾孙。如此说来，商汤也是黄帝的后裔，根红苗正。

商汤看到夏桀十分腐败，就决心消灭夏朝。

商部落把祭祀天地和祖宗，看作一件无比神圣的大事。可与商部落相邻的葛伯却不以为然。商汤派人向葛伯施压问罪。葛伯说没有祭品敬献，拿什么祭祀？商汤就派人送去祭祀用的牛羊。

可是，葛伯并没有用牛羊祭祀，而是自己吃了！可见此人是多么无礼。

商汤再次派人去问，葛伯又找借口说，我们穷得连用于祭礼的粮食都没有啊！

商汤听了，就派部落里的青壮年去帮助葛伯耕田种地，并让老人和小孩去给他们送饭。葛伯不但不感谢商汤的好意，反而还杀死了商部落前来送饭的一个小孩。

此事激起了商部落的愤怒。

商汤当机立断，出兵消灭了葛伯，收兵的时候，还顺便攻取了附近几个经常闹事的小国，商部落的势力迅速壮大。

在商部落实力大增之际，夏桀那边却出了麻烦。原来，九夷中的一些部落受不了夏桀的残酷压榨，叛离了夏朝。商汤看到消灭夏桀的时机已经成熟，就召集商军将士，誓师讨伐夏桀。在誓师大会上，商汤说："我不是叛乱，而是夏桀作恶多端，上天要我去消灭他。上天之命，我是不敢违背的呀！"此话的意思是，由于夏桀的过分堕落，夏朝的政权合法性已经丧失殆尽。上天不再支持夏桀了，转而命令商汤替天行道，去消灭夏桀。

商汤的军队与夏桀的军队在有娀之墟（今山西永济西）展开激战。商军一举击败了夏桀。夏桀弃阵逃跑，跑到了鸣条（今河南封丘东），商汤带兵追击，双方再次交战，夏桀的主力部队被消灭。夏桀继续南逃，跑到南巢（今安徽巢湖西南），商汤穷追不舍，夏桀无力抵抗，只好投降。商汤将夏桀流放，夏朝灭亡。

打败夏桀之后，商汤建立了商朝，定都亳（今河南商丘一带）。为了加强控制，商汤还分别在蒙地、偃师和谷熟设立了北亳、西亳和南亳，把商人直接控制的地区称为"内服"，把边远地区称为"外服"，这就从体制上改变了夏朝那种中央与地方之间的松散关系，使得中央王朝的权力更加集中。

古时候，统治阶级把改朝换代说成是天命的变更，所以

**商汤像**

汤是商朝建立者。亦称"武汤""武王""天乙""成汤""成唐"。名履。原为商族领袖，与有莘氏通婚，任用伊尹、仲虺为辅佐，经十一次出征，部落愈发壮大。后一举灭夏，建立商朝。

史书上把商汤伐夏称为"商汤革命"。

　　夏王朝初建时在黄河上游，为高地地区之王朝。商王朝初建时在黄河下游，为低地地区之王朝。对于商取代夏，钱穆先生在《国史大纲》中有这样一段论述："古代黄河自河南东部即折而北向，经今之漳河流域而至今河北之沧州境入海。商民族则正居此河南、山东、河北三省相交黄河下游一隈之四圈，恰与夏民族之居于河南、陕西、山西三省相交黄河上游一隈之四圈者东西遥遥相对……大抵下游低地，气候土壤均较佳，生活文化较优，而居民较文弱，亦易陷于奢侈淫佚。上游高地，气候土壤均较恶，生活文化较低，而居民较强武，胜于军事与政治方面之团结。夏人势力逐次东移，渐渐往下，征服下游居民，而渐渐习染其骄奢淫逸之习气……于是下游民族，乘机颠覆此统治者而别自建立新王朝……殷人自商汤灭夏，渐渐形成规模更像样之国家，至周人则又起于西方，仍循夏人形势，东侵征服殷人，而渐次移殖于大河下游一带之平原。如此则黄河上下游相互绾结而造成中国古代更完备、更像样之王国，是为周代。"可见，夏、商、周交替掌控王朝政权，意味着原本局限在中原区域的文化已经扩展到了整个黄河流域。与疆域扩大相伴而来的，还有王朝管理方面的一次次优化升级。这可说是夏、商、周三代历史发展的大脉络。

商朝最早的国都在亳。在以后 300 多年间，商朝的都城一共搬迁了五次，其中最有名的一次迁都就是盘庚迁都。

为什么一次次地迁都呢？原因是天灾加人祸。比如，有一次发了大水，把都城全淹了，这是天灾，不得不迁都。还有就是商朝的王族经常争夺王位，有的人说王位应当父死子继，有的人说应当兄终弟及。叔侄之间、兄弟之间常常展开你死我活的斗争。内乱频繁发生，搞得政局不稳定，有时也不得不迁都。

盘庚是商朝的第二十位君王，他为了避免自然灾害，决定从当时的都城奄（今山东曲阜）迁都到殷（今河南安阳小屯村）。

盘庚迁都最初遭到很多人的反对。大多数贵族贪图安逸，都不愿意搬迁，一部分有势力的贵族还煽动平民起来反对，闹得很厉害。面对强大的反对势力，盘庚并没有动摇迁都的决心。他竖起"天命"和"先王"两面大旗，宣称迁都是顺应天命之举，也符合先王法度。他把反对迁都的贵族找来，劝说他们："我要大家搬迁，是为了我们国家的安定。你们不但不理解我的苦心，反而反对我，甚至制造恐慌。你们想要改变我的主意，这是

**兽面纹青铜鼓**

由鼓冠、鼓身、鼓座三部分组成，仿木质皮鼓的形制。

办不到的。"快要迁都之际，他又发出警告："如果有人还行奸诈邪恶之事，敢于违反迁都的命令，我就把他们斩尽杀绝！"

在软硬兼施之下，盘庚终于将商朝的都城迁到了殷地。

殷地土地肥沃，无论是建设都城还是发展农业生产，都比原来的奄地要好得多。此外，迁都之后，一切从头再来，王室、贵族的权力受到了限制，阶级矛盾得以缓和，有利于商朝统治的稳定；最后，迁都还可以避开一些敌对势力的攻击，于国家安全方面也有积极意义。

盘庚迁都之后，商朝的都城就永久地固定在了殷地，所以，商朝也称作殷商。到了近代，人们在安阳小屯村一带发掘出大量古代的文物，证明那里确实是商朝的都城，遂称其为"殷墟"。在殷墟出土的文物中，最著名的就是青铜器和甲骨文，二者是商朝文化的绝佳代言。

# 一片甲骨兴天下

1934—1935 年，在安阳考古发掘中出土了大规模的青铜器和甲骨文。

青铜器的发现令考古学家大为惊叹，若非亲眼所见，他们不会相信古老的商朝竟然能制造出如此精美绝伦的青铜器。

商代青铜器种类繁多，有礼器、兵器，也有日常生活器皿等，其制作之精良、花纹雕刻之复杂精细、艺术水准之高超，令人叹为观止。著名的后母戊鼎，通高 133 厘米，口长 112 厘米，口宽 79.2 厘米，重达 832.84 千克，巨大的体积带给人们极强的视觉冲击力。而妇好墓出土的众多青铜器，几乎每一件都精美绝伦。

商代青铜器的花纹造型也极其独特，它的美不是柔美，也不是壮美，而是一种特殊的狰狞之美，似乎是要让人感到某种恐惧。这样的审美，在商代发展到了巅峰。商代之后，骤然不见。如此成熟的文化高峰突然矗立在我们面前，然后又突然消失，我们在深受震撼的同时，也深感错愕和疑惑。按说在如此精美的青铜器显现之前，应该有一段不小的铺垫，可是没有；按说如此灿烂的文化在其消亡之前应该有一个衰退期，可是也没有。或许，这些都有，只不过我们还缺乏新的考古发现来佐证；或许，我们对商代的历史还是知道得太少，还不能翔实地解释这一切。

**后母戊鼎**

商代晚期青铜器。长方形，四足，通高133厘米，重832.84千克，为现存最大的商代青铜器。1939年出土于河南安阳武官村。鼎腹内有铭文"后母戊"（旧释"司母戊"）三字，是商王文丁为祭祀其母戊而作。

司马迁曾去曲阜凭吊孔子，说："适鲁，观仲尼庙堂车服礼器，诸生以时习礼其家，余祗回留之不能去云。"青铜散发出的光芒并不明亮，但它承载着一个王朝的重量，这重量足以令我们心生敬畏，并且浮想联翩。

幸好，我们破译了甲骨文。这些刻在龟甲和兽骨上的文字，多是用来占卜吉凶的。这说明商人爱占卜，遇打猎或者出征，总要事前占卜一下吉凶。甲骨文的破译，证实了汉人所说"商尚鬼"的说法。商人崇尚鬼神，喜欢祭祀和玄想，这与"夏尚忠""周尚文"的气质迥然不同。"尚忠"也好，"尚文"也罢，推崇的都是一种实干精神，"忠"强调忠信力行，"文"强调礼乐制度，而"尚鬼"推崇的则是一种远离现实的神秘文化。夏、商、周三代，各有各的文化风貌，于此可见一斑。

从文字学上看，商代晚期的甲骨文已是一种步入成熟阶段的文字了，我们今天使用的汉字就是从甲骨文演变过来的。仅此一项成就，就足以提升商人管理大型共同体的能力，亦足以使商朝的文化彪炳史册。

# 你不仁，别怪我无义——武王伐纣

周灭商之前，是商王朝的一个附属族群。他们最初居住在陕西、甘肃一带，后来，受到戎、狄等游牧部落的侵扰，东迁至岐山（今陕西岐山西北）之下的平原地带。周部落在姬昌（后来的周文王）做首领时发展壮大起来了，势力遍及今天陕西、山西以及内蒙古河套地区，具有了挑战商朝的实力。

商朝此时的统治者是商纣王，他和夏桀一样，是历史上有名的暴君。史书记载，商纣王天资聪颖，气力过人，"倒曳九牛，抚梁易柱"，能徒手与猛兽格斗，是个大力士。他还很有军事才能，当上国君之后，便发兵攻打东夷诸部落，把商朝的疆域扩展到了江淮一带，国土则扩大到今天的山东、安徽、江苏、浙江及福建沿海。但是，商纣王长期发动开疆辟土的战争，消耗了商朝的国力，加重了人民的负担。

商纣王最受诟病的还是荒淫无度。他只知道自己享乐，不管治下百姓的死活。他搜刮民脂民膏，在别都朝歌（今河

**商纣王二十二年版方鼎**

依据铭文可知，这件方鼎是由商代贵族版于商纣王二十二年制作的。

南淇县）建造了富丽堂皇的宫殿，名为"鹿台"，里面藏满了珍宝。他建造了巨大的仓库"钜桥"，用来储存粮食；他多方搜集狗马和新奇的玩物，放在自己的园林之中。他宠爱美女妲己，对妲己言听计从。为了寻求刺激，商纣王还搞出了"酒池肉林"的享乐项目，即在大池塘里灌满酒，在酒池边的树林子里挂满肉食，商纣王和妲己泛舟酒池，岸上则有众多男男女女跳裸体舞，陪着他们大吃大喝，寻欢作乐。

百姓对商纣王心怀不满，一些诸侯也背叛他。为了镇压反抗，商纣王发明了"炮烙之刑"，把反对他的人抓来放在烧红的铜柱上，活活烤死。

当时，西伯昌（姬昌）、九侯、鄂侯是周朝的"三公"（最高级别的大臣）。九侯有一个漂亮的女儿，献给了商纣王，可是这个女儿不喜欢商纣王。结果，商纣王不但杀了九侯的女儿，而且把九侯也剁成了肉酱。鄂侯觉得商纣王的做法太过分了，"争之强，辩之疾"，极力替九侯辩解。商纣王一怒之下又杀死了鄂侯，并将其晒成了肉干。商纣王的残暴由此可见一斑。

姬昌听说了九侯和鄂侯的遭遇后，"窃叹"，以叹息表达同情和哀伤之意，不料就这一声叹息也给他惹来牢狱之灾。商纣王的一个叫崇侯的大臣告发了姬昌。于是，商纣王就将他囚禁在了羑里（今河南汤阴北）。

据说，姬昌在羑里被囚禁了七年。在这段时间里，他忍辱负重，精心推演"易之六十四卦"，这就是著名的经典《周易》（也称《易经》）。姬昌通过推演"易之六十四卦"认识到事物的发展有一定的规律，而君子则要顺应这种规律，不断修正自己的身心。修行的总原则就是向上天和大地学习，学习上天的自强不息，学习大地的厚德载物。这便是《周易》中最有名的两句话："天行健，君子以自强不息；地势坤，君子以厚德载物。"

周部落为了救出他们的首领，向商纣王献出了许多美女、骏马和珍宝。商纣王得到好处之后，才释放了姬昌。姬昌又向商纣王献出了洛水以西的土地，以求废除炮烙之刑。商纣王得到大片土地，就答应了姬昌的请求。通过这番斡旋，商纣王得到了美女、骏马、珍宝和土地等实际好处，而姬昌则赢得了民心。这种交换，表面上是各取所需，实则高下立判。

姬昌回到周部落后，大力推行善政，同时访贤任能，等待时机消灭商朝。不久，姬昌在渭水边上打猎时遇到姜太公，两人互相仰慕，一见如故，遂决定一同合作，共谋灭商大计。为了强大国力，姬昌还把都城迁到了丰邑（今陕西西安鄠邑区）。姜太公一边辅佐姬昌，大力发展生产，一边厉兵秣马，加强军备。经过一段时间的发展，周的势力更加强大，达到了"三分天下有其二"的程度。

姬昌没有实现灭商大业就去世了。他的儿子姬发继承了王位，是为周武王。他把都城迁到了镐京（今陕西西安长安区西北），以姜太公为太师，以自己的弟弟姬旦为辅政，继续用心经营父亲留下的基业。

此时，商纣王不思悔改，依然过着荒淫无度的生活。贤臣微子多次劝谏商纣王，商纣王不听，微子辞官归隐了；商纣王的叔叔比干"强谏纣"，极力劝谏，结果商纣王剖了比干的心；另一个贤臣箕子非常害怕，就故意装傻，"佯狂为奴"，结果还是被商纣王给囚禁了起来。商朝的太师、少师等一看情况不妙，就拿着祭器、乐器，逃到了周部落。

**周文王像**

周文王是商末周族领袖。姬姓，名昌，纣王时为西伯，亦称"伯昌"。统治期间，解决虞、芮两国争端，使两国归附，先后攻灭黎（今山西长治西南）、邘（今河南沁阳西北）、崇（今河南嵩县北）等国，在位五十年。

几年后，周武王见商纣王众叛亲离，知道灭商的时机已经到了，就率领周及其他八个部落的军队讨伐商纣王。周武王率领的军队在牧野（今河南淇县西南）与商军展开大战，一举击败商军。纣王见大势已去，登上鹿台自焚而死，商朝灭亡。灭掉商朝之后，周武王建立了中国历史上最长的一个朝代——周朝。

我们知道，商朝在耕种、畜牧、建造、冶金等方面已经发展到了相当高的文化程度了。政治方面，中央王朝与四方诸侯之间权力关系也早已确立。此等情形之下，周取商而代之，于王朝权力方面固然是一种颠覆，可在文化方面则又有一脉相承的发展关系。在政权治理结构上，周武王把全国分成若干诸侯国，分封给亲族和功臣等，享受世代承袭。各诸侯拥有自己的军队，且有权分封卿、大夫，享有很大的自治权。但各国诸侯要按时朝贡周天子，向其汇报工作。周天子出兵平叛及讨伐夷狄时，诸侯国也有义务出兵相助。这便是著名的西周分封制，此种制度在历史上影响深远，初步奠定了周天子一统天下的政治格局。

周武王灭掉商朝之后，并没有将商人的势力彻底清除，而是封商纣王的儿子武庚为诸侯，以朝歌为国城，继续统辖商朝的遗民。为了防止商朝遗民叛乱，周武王在朝歌周围分封了卫、鄘、邶三个封区，交给自己的三个弟弟（管叔、蔡叔、霍叔）统治，号称"三监"，用意很明显，就是要这三个弟弟监视武庚和他治下的商朝遗民。此外，武王还封姜太公于齐，周公旦于鲁，召公奭于燕等。这可说是西周封建的第一阶段。

周武王实行分封制，目的就是在全国建立起一种绵密的统治网络，使每一个封国的国君不是王室就是功臣，诸侯国之间再互相通婚，如此一来，每一个诸侯国的君王都是周天子的亲戚。西周分封制以血缘亲情为纽带，以分封为政治恩惠，将周天子与各诸侯国的国君紧密地捆绑成一个权力共同体，以维系周王朝的政治稳定。西周封建的各诸侯国，均有都邑，居住在城里的称"国人"，居住在城外的称"野人"，"国野之别"在于各自拥有不同的权利和义务，国中的居民多为贵族阶层，负担兵役、力役，而野人则为平民阶层，负担农业劳役和其他徭役。如此一来，西周封建制度等于编织了一张大网，将所有族群网罗一体。

可惜的是，周武王"天下未宁而崩"，在灭掉商朝三年以后就去世了。武王的儿子姬诵即位，是为周成王。周成王当时年幼，还不能治理国家，于是他的叔叔周公姬旦摄政，代成王行使权力。

危机也于此时爆发。身处东方的管叔、蔡叔等人怀疑周公要篡权，遂与殷商故地的武庚势力联合一处，发动了叛乱。周公奉成王之命，率军平叛，杀掉了武庚、管叔，流放了蔡叔。

平定叛乱之后，周公重新分封诸侯。中部地区，杀掉武庚后，封商朝末年的贤臣微子于宋，统治部分殷商遗民，同时封康叔于卫，亦得部分殷商遗民；西部地区，封唐叔于晋，控制夏墟；南部地区，封蔡仲于蔡；东部地区，拓展了姜太公在齐国的封地，封周公儿子伯禽于鲁。齐、鲁两国的封地范围，表明周朝的势力已然越过殷商，东达于海。

周公还营建了东都洛邑，这是一项很有远见的决策。周朝都城镐京位于关中地区，便于控制西部而不便于控制东部。于是，周公又在殷商地区的洛邑营建

**周公像**

西周初年重要政治家。姬姓，名旦，亦称"叔旦"。文王之子，武王之弟。因采邑在周（今陕西岐山北），故称"周公"。曾佐武王灭商。武王死，成王年幼，由其摄政。使周成为幅员广大而强盛的王朝。

东都，名成周，西都镐京则为宗周。宗周和成周两都并立，互为支撑，能同时控制西部和东部。在当时的技术条件下，周公为统治广大疆域而想出两京制，可算是一种煞费苦心的创举。至此，西周封建的第二阶段宣告完成，西周王朝的整个政治体制也稳定了下来。

周公摄政七年后，还政于成王。成王去世后，他的儿子康王统治周朝。成王、康王统治期间，就是历史上有名的成康之治，当时"天下安宁，刑错四十余年不用"，即父子两代统治国家四十多年，没有动用过刑法，百姓安居乐业，遵纪守法。中国人后来所说的"小康社会"，其来源就在于此。

# 西周王朝的天命观

武王伐纣，以周代商，除了王朝政权的更替之外，还在思想文化上进行了一次大翻转。商人"尚鬼"，重视祭祀，而周人"尚文"，重视礼乐教化和道德建设。这是两种不同的文化。

周公在摄政期间，除了军事平叛和政治治理外，还下大力气制礼作乐，为贵族阶层的成员制定了一整套的法律、道德准则和行为规范，是为"周礼"。关于"周礼"的内容，有"礼仪三百，威仪三千"之说，极言礼仪规定之精细，这是周朝礼制发达之明证。后来孔子正是在"周礼"的基础上提炼出了仁、仁政的理念，并进而发展出了"仁、义、礼、智、信"一整套的道德伦理体系。孔子说："郁郁乎文哉，吾从周。"盛赞周朝的文化，道理即在于此。可以说，孔子所创立的儒家思想，其思想根源可以上溯到周文王、周武王和周公的治国理念。尤其是周公，更是孔子的精神偶像，孔子连做梦都经常梦见这位圣贤。

周人还有一个了不起的贡献，那就是他们在灭商之后并没有被胜利冲昏了头脑，而是认真总结商朝灭亡的教训，最后提出了一种全新的天命观，即"天命靡常，惟德是亲"，意思是，天命不会永远地固定在某一个王朝政权之上，治国者只有符合道德的标准，才能获得上天的护佑，秉承天命。

这样的天命观是一种前所未有的思想突破，其进步意义在于：其一，某一王朝政权的合法性，不是来自族神、山神、河神之类的神秘授权，而是来自治国者的道德自律。帝王及其大臣的言行符合一定的道德标准，其政权就具有合法性，若统治者言行悖乱，严重违反道德，"无道"，那政权的合法性也会随之丧失，政权就会被他人夺走。其二，上天对帝王有监督权和裁判权。帝王需要负起上天赋予的道德责任，才能承受"天命"，享有治理天下的权力。而上天裁判帝王的标准也是看他的言行是否符合道德。如果帝王心怀天下，道德高尚，那就将"天命"授予他。反之，就收回"天命"，转授他人。

**周公制礼作乐**
周公制礼作乐，建立典章制度，主张"明德慎罚"。其言论见于《尚书》的《大诰》《康诰》《多士》《无逸》《立政》等篇。

周人的天命观，突破上古时代的神权局限。自此之后，统治者将治国的侧重点从取悦神灵转向约束自身，文化观念也从"尚鬼"转向了"尚文"。至此，中国的文化逐渐从祭祀文化转向了礼乐文化，从神秘主义转向了理性主义。

# 失德又失心的两位君王——周厉王、周幽王

　　我在前文提到，周人提炼出了一个很好的天命观，将政权的合法性与统治者的道德修养紧紧地捆绑在了一起。这既是思想史上的一次巨大进步，也是周朝建立人间秩序的一种高远理想。可是，理想和现实之间隔着一座大山。前辈制定的高远治国理想和道德诉求，几乎总会被后代所抛弃。

　　周朝前几代君王对商朝覆灭有着刻骨铭心的记忆，所以他们念兹在兹的是"殷鉴不远，在夏后之世"，极力避免重蹈覆辙。西周一朝，文王、武王、周公、成王、康王，均被后世认为是圣贤，堪称后世君王的学习榜样。可待王位传了几代之后，新的统治者就难免麻木，放松警惕，并滑向"失德"的老路。提及西周王朝的没落，人们一般都会想到周厉王和周幽王两位暴君，这两个人可说是"失德"君王的典型。

　　周厉王是西周的第十个君王，是个有名的暴君。他对老百姓的剥削和压迫，达到了敲骨吸髓的地步。他宠信一个叫荣夷公的大臣，让其尽一切可能敛财。于是，周朝开始实行"专利"制度，霸占一切湖泊、河流、山林等天然资源，不准百姓利用这些资源获利。如果人民想打猎、捕鱼、采药等，就得交纳高额赋税。这是与民争利，老百姓对此很是不满，就"谤

王"，批评周厉王的统治太残暴了。

周厉王很生气，下令禁止国人批评朝政。他还从卫国找来一个巫师，让他专门监视那些批评朝政的人，发现有人批评朝政，就举报给厉王，厉王便杀死此人。如此一来，许多人被杀，大家再也不敢批评朝政了，"国人莫敢言，道路以目"，大家都不敢说话了，熟人在路上相遇，也只能用目光交流，算是打招呼。

听不到批评自己的声音了，周厉王感到很高兴，得意扬扬地跟大臣们说："你们看，我能制止住谤言了，现在没人敢说话了。"

大臣召虎劝谏说："这只不过是把言论堵住罢了。堵住百姓的嘴巴，比堵塞江河的后果都严重。堵塞的河水一旦决口，伤害的人一定很多，堵住人民的嘴巴也是一样的道理。善于治水的人，应该疏通河道，让水流畅通无阻。善于治理国家的人，也应该允许百姓说话，让他们知无不言。硬生生地堵住河流，河流最后一定会决口。硬生生地堵住百姓的嘴巴，又能堵多久呢？"

召虎的话非常有道理，可是，周厉王不听，继续用严刑峻法"止谤"。结果，公元前841年，都城中的国人忍无可忍，联合起来举行了暴动。他们围攻王宫，要杀死周厉王。周厉王仓皇出逃，一路逃到了彘地（今山西霍州）。这就是西周历史上有名的"国人暴动"。

周厉王被赶走之后，朝廷没了君主，朝政就由召虎和周

**㝬簋**
㝬簋又称胡簋，中国禁止出国（境）展览文物，西周厉王时期青铜器。

公两位大臣代理，史称"共和行政"。从共和元年，也就是公元前841年，中国历史才有了确切的纪年。

周朝在经历了"国人暴动"之后，王权削弱，国势衰微，曾经十分强大的王朝，至此仅剩下一个外强中干的空壳。

共和十四年（公元前828年），周厉王在彘地死去，太子即位，这就是周宣王。周宣王比较开明，他的统治一度得到了诸侯国的拥护，史称"宣王中兴"。可惜的是，宣王之后，继承王位的是周幽王，周幽王又是一个著名的昏君。

周幽王的皇后是申侯的女儿，皇后生子宜臼，立为太子。后来，周幽王又得到了美女褒姒，褒姒生子伯服。周幽王因宠爱褒姒，就想废掉皇后和太子，改立褒姒为皇后，伯服为太子。如此一来，皇后、太子宜臼和申侯就结成一个政治联盟，伺机反抗周幽王和褒姒。

**何尊**

中国首批禁止出国(境)展览文物、国家一级文物，是中国西周早期一个名叫何的西周宗室贵族所做的祭器。

褒姒一直不笑，周幽王想尽办法逗她笑，都没有成功。后来，周幽王决定兴师动众以博褒姒一笑。原来，周朝在骊山一带建造了二十多座烽火台。若有敌人来进攻，就点燃烽火，向附近的诸侯求救。诸侯看到烽火，便知道有了紧急军情，发兵前来相救。这次，虽没遭到敌人的进攻，周幽王也下令点燃了骊山上的烽火。附近的诸侯看到了烽火，以为发生了战事，赶紧带兵赶来相救。待他们赶到时才发现，根本就没有发生战事。周幽王派人告诉他们，这不过是大王和妃子在玩烽火而已，你们回去吧！

褒姒感到这种点烽火的游戏确实好玩，还真笑了。可是，诸侯遭到了周幽王的戏弄，非常生气。

因为宠爱褒姒，周幽王最后还真的废了皇后和太子宜臼。这下子触怒了申侯，申侯联合缯国和犬戎部落，向周幽王发动了进攻。

受到进攻之后，周幽王再次点燃了烽火，向附近的诸侯求救。可是，曾经遭受过戏弄的诸侯这次再也不肯来了。军队攻陷了镐京，杀死了周幽王和伯服，掳走了褒姒，大肆抢掠一番而去。西周王朝就此结束，时间为公元前771年。

周幽王被杀之后，诸侯共同立周幽王原来的太子宜臼为王，是为周平王。犬戎攻陷镐京之后，王城破败，随时都有可能再次遭到犬戎的攻击。为了躲避危险，周平王于公元前770年迁都洛邑，此事标志着东周的正式开始——因镐京在西，洛邑在东，所以人们将定都镐京的周朝叫西周，将定都洛邑的周朝叫东周。

东周和西周虽然同属于周朝，但差别巨大。西周之时，周人以高原开拓者和文化再造者的双重身份灭商建国，占尽地理和道德方面的优势。他们占据黄土高原，俯视东部平原，在军事上东征、南讨，强势进取，势如破竹；政治上，他们分封诸侯，制造了一个组织严密的封建体制，周天子的权威如日中天；文化上，他们以德治国，崇尚礼乐，构建了一套十分成熟的社会层级秩序。可以说，西周实乃一个文治武功俱佳、建树颇多的王朝。

与西周的强势进取相比，东周明显是一个守势王朝。东周虽然名义上是西周的延续，可实际上，东周时期的周天子已然丧失了政治权威，不能再号令诸侯。东周时期的最大特点就是礼坏乐崩。礼坏乐崩其实是一种社会的全面解体状态，既包含周天子政治权威的丧失，又包含贵族阶层礼乐文化的没落，同时还引发了伦理道德体系的全面崩溃和社会秩序的瓦解、混乱与重建。可以说，西周是中国历史上一个稳定的建设时期，而东周则是一个动荡的转型时期，二者有着天壤之别。

西周王朝的衰落，并非到周厉王时期才开始的，而是更早。就在著名的成康盛世之后，康王之子姬瑕继承了帝位，是为周昭王。周昭王统治之时，周朝便"王道微缺"，国势开始衰落了。衰落的标志性事件就是"昭王南征而不复"。

事情是这样的：周朝建国及势力拓展，取的是坐西向东、坐北望南之势。所谓坐西向东，指的是从陕西出潼关，经河洛，至东都，经营黄河下游，直达齐鲁。武王伐纣、周公东征两次重大的军事行动，经营的都是这个方向。所谓坐北望南，指的是从陕西出武关，向江汉，经营南阳、南郡一带，直至江淮流域。昭王南征，其实是周朝向南讨伐荆楚。可惜的是，这次军事行动失败了，周昭王自己也"卒于江上"，在渡汉江时，船翻江中，淹死了。

值得关注的，周昭王死后，周朝没有向各诸侯国发布讣告。有诸侯问及此事，周朝的回答是：昭王南巡，渡江时意外遇难，言辞之中遮遮掩掩。因此，史书上关于此事的记述也是一笔带过。幸好，2003 年 1 月，陕西宝鸡眉县出土了一批青铜器，在其中一铜盘的铭文上刻有昭王"扑伐荆楚"的字样，证明昭王根本就不是"南巡"，而是"南征"。周昭王南征，表面的理由是荆楚没有按照规定向周天子进献贡品，可实际目的则是要夺取楚国铜绿山（今湖北大冶西南）地区的铜矿。周昭王出征楚国的目的本就不正当，行动本身又失败，周昭王本人也殒命江中，这可说是周朝势力向南扩张的一次彻底失败。（关于这一点，张宏杰先生在其《楚国兴亡史》一书中有详细阐述。）周王朝也知此次"南征"太丢面子，故不愿声张，连天子之死都不肯向诸侯发讣告，诚可谓"理不直，气不壮"。

**折觥**

　　周昭王之后，周穆王仍想通过炫耀武力树立国威，遂出兵征讨犬戎，结果仅"得四白狼四白鹿以归"。本来是发动一场征犬戎的战争，结果却变成了一次小型的打猎活动，甚是滑稽。更严重的后果是，"自是荒服者不至"，原本承认周朝并按时来朝贡的夷狄部落，从此以后再也不来朝贡了，也就是说，周王朝失去了对夷狄部落的影响力——人家既不对你感恩了，也不再害怕你了。不感恩是因为你无缘无故就兴兵征伐人家，不害怕是因为人家发现你的征伐也不过尔尔，不足为虑。

　　昭王南征和穆王征犬戎，两次军事行动的失败严重损害了周王朝的对外关系，大国形象因此大打折扣。这还不是最要命的，最要命的是，周穆王又用严酷的刑罚镇压人民。他制定了三千多条刑法，其中最有名的就是"五刑"，即墨刑（在脸上刺字）、劓刑（割鼻子）、膑刑（剜去膝盖骨）、宫刑（毁坏生殖器）、大辟（死刑）。这种用严刑峻法镇压人民反抗的做法，走的不正是商纣王用炮烙之刑镇压反抗者的老路吗？

周穆王之后，西周王朝又经过周共王、周懿王、周孝王、周夷王的几代统治，都没能扭转周朝衰落的势头。而就在西周王朝衰落的过程中，与西周王朝分封制相匹配的井田制也瓦解了。

井田制是中国古代的一种土地制度，在西周时发展成熟。所谓"井田"，就是有一定规划和疆界的方形田块。每100亩的方形田块为一"田"，9块方形田块合在一起，恰好形成一个"井"字形状，这就是一"井"。一井共有900亩土地，最中间的100亩称为公田，围绕着公田的另外800亩为私田。800亩私田分别分给8户农民耕种，每户100亩。这些私田的收成全部归农民所有；中间的100亩公田，由8户农民共同耕种，收入全部归封邑上的贵族所有。

井田制规定，周天子是最高的统治者，同时也是一切土地的所有者，这叫"溥天之下，莫非王土，率土之滨，莫非王臣"。周天子把土地分封给诸侯，诸侯再将土地封给卿大夫，卿大夫再把土地封给子弟和臣属。周天子拥有天下土地的所有权，而诸侯以下的各级贵族对土地只有使用权，没有所有权。诸侯及各级贵族的受封土地可以世代享用，但不能转让和买卖。

对于生活在西周时期的农民而言，井田制意味着他们用自己耕种公田时所付出的劳动来为贵族和周天子交纳赋税。此外，他们还要为所侍奉的贵族捕猎、酿酒、采桑、养蚕、织帛等。

西周时期，已经有了"耦耕"技术，即两人一组，配合起来耕作田地，这项技术提高了农业的生产效率。此外，西周时期的手工业也得到了发展，出现了各种手工业作坊。那些拥有手工业技艺的工匠，在周代被称为"百工"，可见当时手工业门类之多。

井田制的最后瓦解是由于生产力水平的提高。到了春秋时期，铁制农具被广泛使用，牛耕技术也逐步推广开来。技术进步使得耕种土地的效率进一步提高，更多的田地被开垦了出来，"田""井"之间的疆界被打破了，各诸侯国向农民收取赋税的方式也随之改变了。种种因素叠加在一起，井田制也就逐渐瓦解了。

周夷王之后，继位的就是周厉王。从周厉王到周幽王的故事，属于西周王朝的末路，前文已讲，在此不表。

# 不靠谱的帝王做不靠谱的事

　　无论是在国家治理还是在文化创建方面，西周均有许多可圈可点之处，其对中国后世的文化影响也十分巨大。这样一个卓有成就的王朝，其创建和发展必有可取之处，其衰落与覆灭也必有值得深思之因。

　　一般人很容易把西周的覆灭与周幽王的道德败坏联系在一起。这当然不错。在所有王朝的覆灭过程中，我们几乎都可从其末代帝王的身上找到种种致命弱点，但是，若将统治者个人的原因夸张得过大，那也会阻碍我们对问题进行更深入的探讨。

　　西周的情况尤其如此。需要为这个王朝覆灭承担责任的统治者，显然不止周幽王一人，周昭王、周穆王、周厉王都应该位列其中。可是，我觉得光批评这些统治者的道德瑕疵仍然不够。在这几位不靠谱的帝王之外，似还有更深层次的原因。

　　西周立国，靠的是自西向东的武力夺取，这是一种侵略性的武装移民和军事占领。它建国之后的分封制和礼乐文化，无不是以强大的军事攻势作后盾的。武王先军事讨伐，灭商之后再分封；周公先东征平叛，平叛之后再次分封。这种武力征讨在前、政治分封在后的封建模式，其疆域的拓展和政治的兴盛，始终需要强大的武力贯彻。可是，鉴于商朝灭亡的惨痛教训，周人确定的治国理念却是"尚文"，推崇道德伦理，推崇礼乐教化。和此一来，在武力上的开疆辟土与文化上的道德本位之间就形成了一种治理错位。虽说二者并非根本矛盾，但毕竟有相当大的内在冲突。道德本位的天命观喊得越响，武力征伐的合法性就越容易被削弱。这种矛盾在建立之初可能还没那么明显，可是到了王朝的中后期，二者的内在冲突就愈剧烈。

如果王朝一直由道德修养好、执政能力强的帝王来统治，那么这种冲突或可得到缓解，西周王朝还能延续更长的时间。可是，哪一个王朝能保证它的帝王全是明君？在一个权力世袭的制度之下，帝王中出现昏君是必然的。因此，西周王朝出现昏君也是不可避免的。

昏君会激化王朝体系所隐含的内在矛盾，昏君的言行挑战了道德本位的天命观，并直接导致了礼坏乐崩。礼乐体系一崩溃，西周王朝也就乱了纲常，其覆灭的命运遂不可避免。

**冬簋**

出自中国西周中期，该器形呈侈口垂腹，双耳，带盖，短圈足，盖顶有圈足形捉手。

# 什么样的诸侯才有资格做霸主

　　周平王迁都洛邑之后，东周开始。东周又分春秋和战国两个阶段，之所以要做这种区分，实因两个时代有着截然不同的特征。

　　春秋时代的政治主题是创建霸业，争当霸主。为什么要争当霸主呢？首先就是因为周天子的政治权威丧失了。《左传·隐公六年》称："我周之东迁，晋、郑焉依。"即周平王东迁洛邑之时，就得依赖晋国和郑国两个诸侯国的力量，可见当时王室已然丧失号令诸侯的实力了。既然周天子已丧失了权威，那各诸侯国就纷纷自作主张，争夺霸权，春秋时代就此开始。

　　春秋时代，与周天子丧失政治权威同时出现的，还有整个社会秩序的解体。这种解体的第一个表现就是各诸侯国的内乱。比如在郑国，郑庄公与弟弟共叔段交恶，直至兵戎相见；在以礼仪之邦著称的鲁国，发生了鲁桓公弑兄鲁隐公，然后自立的事件；在宋国，发生了华督杀掉孔父嘉、宋殇公的华督之乱。为了争权夺势，诸侯国中经常发生兄弟相残、以臣弑君之类的政治动乱，这充分说明，周朝建国初期所确立的政治秩序和道德伦理体系均已崩溃，正所谓"礼坏乐崩"是也。

　　社会秩序解体的第二个表现是诸侯间战争频繁、兼并不断。西周时所分封的各诸侯，本来均属周天子统辖之下的兄弟之邦，大家都是华夏的一份子，理应相亲相爱。可在周天子失去政治上的统摄力之时，原本的"兄弟之邦"说翻脸就翻脸，有实力的大国不断兼并小国。清代学者顾栋高统计过，整个春秋期间，楚国兼并了42个小国，晋国兼并了18个小国，齐国兼并了10个小国，鲁国兼并了9个小国，宋国兼并了6个小国，其余不再一一列举。

同属华夏的诸侯国之间征战，彼此消耗，则又引起了夷狄的进攻。所谓华夏与夷狄，其实指的是生活方式和文化理念之不同。西周建国，本是一种农耕民族的武力拓展，它所统辖的疆域之中，除了诸侯国的农耕区域，还有不少游牧民族，被称为"夷狄"或"蛮夷"。各诸侯国在实力强大之际，自是能抑制夷狄的抢掠；可待诸侯国实力衰弱之时，夷狄就会趁火打劫，攻击诸侯国。当时对中原各诸侯国最有威胁之夷狄，北有狄人、山戎，南有对中原虎视眈眈的楚国（当时的楚国还被视为蛮夷）。

为了改变诸侯国一盘散沙的局面，以对抗夷狄，遂有齐桓公、晋文公等人霸业的兴起。

春秋时期各大国之"称霸"，实因当时大国不止一个，尚无一国可以尽数慑服所有诸侯国，所以只能以诸侯之长的身份自居，即霸主。春秋首霸就是齐桓公。

齐桓公当政期间，任用管仲为相，在齐国进行了一系列改革，使齐国一跃成为东方大国。在中原各诸侯普遍陷入内忧外患的情况下，强大的齐国站了出来，通过武力保护和价值输出两种办法维护了天下秩序。武力保护方面，齐国帮助邢国、卫国抵抗了狄人的南侵，帮助燕国打败了山戎。武力之外，齐桓公和管仲君臣还提出了"尊王攘夷"的普世价值观，这个价值观的中心是：正因为周天子丧失政治权威，所以才有列国互相征战的不团结局面；正因为中原各国不团结，所以不能抵御夷狄的侵略。为了抵抗夷狄，我们必须尊重周天子，按时朝贡。可以说"尊王"是"攘夷"的必须手段，"攘夷"让本已失去政治权威的周天子又保留住了名义上的尊贵位置。

齐桓公称霸之后，先后会盟诸侯15次，确实抵御住了北方狄人、山戎和南方楚国的进攻。除了政治和军事上的重大作为外，齐桓公还重申了一些普世的治国理念和道德礼法。在公元前651年的葵丘会盟上，齐桓公向各诸侯国宣读了共同遵守的盟约，其中规定，各诸侯国要"言归于好"；不可壅塞水源；不可阻碍粮食流通；不可改换嫡子；不可随便杀死大夫；不可不让士世袭官职；要尊贤育才，等等。若有人违反这些盟约，就被视为"乱臣贼子""人人得而诛之"。

齐桓公的这些"普世价值"在当时是一种先进的理念，且能救治时弊。比如，各盟国"言归于好"，不可壅塞水源，不能阻碍粮食流通等几条原则，实在是维护正常同盟秩序的保证。各诸侯国出现纠纷，不可擅自动武，亦不可轻易使用"经济制裁"，而是要提交霸主裁决，这种处理诸侯国关系危机的机制远比动辄兵戎相见强得多。另外，不可改换嫡子，不可随便杀死大夫等几条道德准则，则是为了防止各国发生内乱。因为国君正妻的儿子才是嫡子，才有资格继承国君之位。若没有"不可改换嫡子"的硬性规定，小妾们多会凭着年轻貌美的资本和无所不用其极的手段挑战正妻的位置，这种残酷的宫廷斗争经常搞得父子反目、兄弟相残，国家亦会随之动乱不已。

那么什么样的诸侯国国君才有资格做霸主呢？很简单，文治和武功都要过硬才可。要在春秋时期当霸主，没有强大的武力做后盾当然是不行的，可是，仅仅依靠武力也是不够的，武力之外还必须讲道义，这便是史书上所说的"大国制义以为盟主"。霸主的文治武功，在齐桓公的身上可以得到很好的佐证。其他几位霸主，也大体如是。

齐桓公去世之后，受齐桓公托孤的宋襄公曾有过昙花一现的霸业，但很快为楚国所败。再之后称霸的为晋文公、秦穆公、楚庄王。春秋晚期，吴王夫差和越王勾践也曾称霸，不过二者的势力仅限于东南一隅，对中原地区影响不大。

公元前 663 年，山戎侵犯燕国，燕国向齐国求救。齐桓公与鲁庄公在济水相会，商讨共伐山戎之事。鲁庄公表面答应共同行动，实际上却按兵不动。齐桓公与管仲、隰朋率兵北伐山戎。齐国君臣上下同心，终于战胜山戎，达到了救援燕国的目的。燕庄公对齐桓公感激涕零，离别之际，送了一程又一程，不知不觉间，就到了齐国的地界。按照当时的礼法，"诸侯相送不出境"。一看这种情形，齐桓公好人做到底，说："我不可以无礼于燕。"遂把燕庄王所到之地划给了燕国。诸侯闻说此事之后，对齐桓公心服口服——人家不仅有实力，还这么讲道义，太难得了！

北讨山戎之外，齐桓公又向南伐楚。楚国始祖季连，其后裔鬻熊曾在周文王时为官，传至熊绎，被周成王封到楚地，居丹阳（今湖北秭归西北）。成王盟诸侯于歧阳，楚国作为荆蛮，不得参与正式会谈，只能帮助筹办盟会仪式并担当守卫燎火的工作。昭王二十四年，周昭王亲率六师，渡汉水南伐。结果，船行至汉水，船翻，昭王溺水而死，周军大部丧亡，史称"昭王南征而不复"。至楚武王、楚文王时，楚国连年扩张，伐随、伐申、灭邓、灭息，开拓疆域到汉水中游，国势日渐强盛。公元前 666 年，楚国无故伐郑，被齐、鲁、宋联军击退。公元前 659 年，楚国因郑国亲齐，又派兵伐郑。

为了抗楚，公元前656年，齐国会合鲁、宋、陈、卫、郑、许、曹，八个诸侯国征伐楚国。楚成王派遣使者到诸侯军中说："君王住在北方，我住在南方，纵使牛马跑散也不会到达彼此的边境。不料君王来到我国境内，这是什么缘故？"

管仲代表齐桓公回答："从前召康公命令我的祖先太公说：'天下诸侯，你都可以征伐他们，以辅佐周室。'赐给我先君征伐的范围，东到大海，西到黄河，南到穆陵，北到无棣。你们的贡物包茅不进贡王室，天子的祭祀不能得到充足供应，没有什么用来滤酒祭神，我特来追究这件事。周昭王南巡到楚国没有返回，我也一并追究。"

楚国使者回答说："贡物没有进贡王室，是敝国国君的罪过，岂敢不供给？至于昭王南巡没有返回，君王到汉水边上去查问吧！"

**单耳云纹盉**
春秋早期的一件文物。

诸侯军队继续前进，驻扎在陉地（今河南漯河郾城区）。联军与楚国军队对峙到夏天。楚成王又派遣使者屈完前往诸侯军中谈判。齐桓公陈列诸侯军队，与屈完同乘一辆战车观看。齐桓公说:"这次用兵难道是为了我自己吗?这是为了继承先君建立的友好关系,你们楚国与我们继续友好,如何?"

屈完回答说:"君王光临,向敝国的社稷之神求福,承蒙收纳敝国国君,这乃是敝国国君的愿望。"

经过谈判,楚国表示愿意加入齐桓公为首的联盟,听从齐国指挥。于是齐桓公与楚国的屈完签订了盟约。此次伐楚,齐桓公率领的诸侯联军虽没有对楚国穷追猛打,但达到了让楚国承认周天子地位、不再侵略中原各国的战略目的。

齐桓公北抗狄,南伐楚,攘外安内,保护了中原经济和文化的发展,其历史功绩是不可磨灭的。孔子说:"晋文公谲而不正,齐桓公正而不谲。"意思是,晋文公诡诈而不正义,齐桓公正义而不诡诈。这是一个比较高的评价。我们知道,孔子对春秋时期的许多国君都看不上眼,称他们是"乱臣贼子"。他之所以认为齐桓公"正而不谲",绝不仅仅是因为其霸业本身,而是因为齐桓公有一定的道义和文化担当。齐桓公的"尊王"对恢复"周礼"有积极作用,这一点与孔子毕生的文化诉求极为合拍;而"攘夷"则不仅保护了中原各国的经济发展,对捍卫中原文明也有着至关重要的作用。

# 春秋争霸的实质及意义

　　春秋时期的争霸战争及随后的诸侯会盟，实质上是霸主国安排"国际秩序"的两种手段。大国通过发动战争，掠夺了土地、人口和财物，扩大了自己的势力，然后再通过会盟的形式将自己的利益和特权固定下来。小国为自己的安全，只得依附大国，以政治上的臣服和经济上的纳贡来寻求大国的保护。"春秋无义战"，其道理就在于此，即这一阶段的战争，本质上都是为霸业而战，为利益而战，而非为道义而战。不过，这种争霸战争及与之相匹配的会盟，在客观上也起到了以下积极效果。

　　其一，争霸战争进一步开拓了"华夏"疆域。比如，秦穆公称霸西戎，将"华夏"的空间范围大大向西拓展了；楚国兼并江淮、汉水流域诸小国，并随后成为霸主，也等于将这些原本属于"蛮夷"的南方区域纳入"华夏"版图。

　　其二，争霸战争造就了几个大的区域中心，促进了民族融合。春秋时期，因被称"夷狄"的少数民族不断袭扰中原，中原的霸主也以"攘夷"为口号，整合资源，与之相抗，于是就出现了空前的民族大对抗、大迁徙与大交流。华夏各诸侯国与少数民族各部落通过相争相抗达成彼此融合，加速了华夏族与其他民族的经济、文化交流。各大国之间交替称霸，实际上形成了四大区域中心，即以齐国为中心的东方（中原）民族文化融合区、以晋国为中心的北方民族文化融合区、以秦国为中心的西方民族文化融合区、以楚国为中心的南方民族文化融合区。这几大民族文化融合区又通过频繁的交往，互相学习，互相促进，使整个社会的制度、经济、文化、军事等得以快速转型、升级。

其三，争霸战争加快了制度升级。西周时期建立的封建体系，原本是一种血缘共同体和权力共同体高度重叠的宗法体系。周天子既是天下共主，又是大家长。待到春秋时期，社会全面转型，"礼坏乐崩"，先是周天子成为傀儡，号令诸侯的大权转移到了霸主之手；接着，诸侯手下的卿大夫（比如鲁国的"三桓"，晋国的"六卿"等）有样学样，也纷纷篡夺了诸侯的大权；到了春秋晚期，卿大夫手下的家臣（所谓的"陪臣"）又篡夺了卿大夫的权力。权力不断下移使老牌贵族逐渐被淘汰，新兴的士大夫阶层发挥的作用越来越大。与权力下移相伴发生的，还有文化的下移和制度的更新。文化下移体现为官学废弃，私学兴起，一度为官方垄断的学术文化体系彻底瓦解，思想文化的传授与传播转移到了民间。此事让平民子弟得到了学习"诗书礼乐"的机会。一些平民子弟通过学习改变了命运，一跃成为"士人"，固化的社会阶层被打破了，社会活力和个人潜能就此激活。

在经济方面，由于人口增长，各地彼此接触，许多资源得以流通。以粮食而论，原本产于北方的黍稷、南方的

**王子午鼎**
春秋时期楚国的青铜器，王子午鼎是楚庄王之子、楚共王的兄弟、曾任楚国令尹（宰相）之职的王子午（又名子庚）的器物，中有确切的人名与地名。

稻谷，到春秋时期已能在各地普遍种植，小麦、豆菽的种植技术也推广到了华夏各地。铁器已出现，且大有取代青铜器之势。华夏各地之间的物产交换越发频繁，货币广泛使用，富商巨贾开始出现，商品经济随之诞生。

# 战国——军事对抗的时代

从公元前 476 年到公元前 221 年秦始皇统一六国，这 250 多年的历史被称为"战国"阶段。以"战国"二字命名这段岁月，足以说明战争在那个时代是多么频繁。

春秋末期，诸侯中的大国为晋、楚、齐、秦、越、燕六国，晋国担任霸主国的时间最长。后来，晋国被赵、韩、魏三大政治家族所分，史称"三家分晋"。与此同时，原本属于姜姓的齐国也被权臣田氏取代，史称"田氏代齐"。春秋与战国两个时代的划分，即以"三家分晋"与"田氏代齐"为标志。春秋末期骤然兴起的越国，至战国中期即被楚国所灭，如此一来，战国时期的大国也变成了秦、楚、齐、燕、赵、魏、韩七个，是为"战国七雄"。七个以武力争胜的国家，相互之间或合纵或连横，征伐不已，遂酿成烽火连天之势。

**刀币**

中国古铜币。由生产工具的刀演变而成。流通于春秋战国时期的齐、燕、赵等国。种类很多，有齐刀、即墨刀、安阳刀、针首刀、尖首刀、圆首刀、明刀等。上面铸有文字。

春秋时代，国君要应对的两件大事是祭祀与战争，"国之大事，在祀与戎"。等到了战国时期，战争成了各国君王所要面对的头等大事，重要性已远在祭祀之上了。不唯如此，战国时期的战争在性质、规模、战术手段、军事理论等各个方面都发展到了一个前所未有的阶段，值得单独说一说。

春秋时期，战争的性质是"争霸"，即争夺霸主国地位——两国交战，败者称臣纳贡，承认胜方"老大哥"的国际地位。但到了战国时期，战争的性质已经不再是争霸战争，而变为兼并战争了，即发动战争的主要目的就是为了兼并土地、夺取城池。如果说争霸战争主要是为了争面子的话，那兼并战争所争的可就不只是面子，更有实实在在的利益，土地、城池、人口等均成了争夺对象。战败了，不但丢面子，还要丢城、丢地、丢人。正因如此，战国时期的战争比春秋时期的战争规模要大得多，战术手段也复杂得多、残酷得多。春秋时代的战争规模小，投入的兵力少（一般不超过千辆战车），战争基本在一天之内结束。到了战国阶段，战争动辄就要投入几万、十几万乃至几十万的兵力，双方旷日持久地厮杀，一场战役打几个月是寻常之事。著名的秦赵长平之战，历时三年，参战兵力近百万，赵军战败后，光被秦军坑杀的降卒就有四十万之多，其规模之巨大、战况之复杂、战局之残酷可谓史无前例。

此外，战争手段和战术水平在战国时期也发展到了一个前所未有的高度，绝非春秋时代可以比拟。春秋时代的战争模式比较单一，两军都使用战车，在一个相对平坦的战场列好阵形，然后发起冲锋。可等到了战国时代，随着战争范围的扩大和作战条件的复杂，战车就被淘汰了。为什么？其一，战车的使用条件太苛刻，必须在平原上使用，若在山区作战，其劣势就相当明显。其二，与骑兵相比，战车机动性太差。战车与骑兵作战，战车一方即便打赢了，人家骑兵掉头就跑，你追不上；若战车方打败了，你驾着四匹马拉的战车如何跑得掉？其三，战车已经不适应新技术条件下的战争形势了。战国时期，各国都有弩箭部队，那就是当时的"远程武器"，战车这么大的目标，不正成为人家弓箭的靶子吗？正是基于上述原因，战车这种作战形式在战国时期被淘汰了，取而代之的是骑士（骑兵）、步卒（步兵）、武卒（特种兵）、斥候（侦察兵）、弓弩兵等多兵种的协同作战。在骑兵取代战车的过程中，赵武灵王推行的"胡服骑射"是一场极其重要的社会变革，它直接将战争从 1.0 版本升级到了 2.0 版本。

战术手段的丰富性势必带动战场形势的复杂化，而战场形势的复杂化又呼唤着军队训练的专业化和战役指挥的专业化，彼此互动，也就将军事理念和战术水平提升到了一个新的高度。秦国最后能兼并六国，很大程度上在于秦军有独创的先进战法——箭弩阵与轻骑兵密切配合的突击法。秦军与敌方作战，第一轮上场的是训练有素的箭弩兵，他们按一定的阵形摆开，对着敌方的部队或城池，密集发射"箭雨"，这类似于第二次世界大战时期的"炮火打击"。一阵密集的箭雨之后，秦国的轻骑兵趁着对方阵脚大乱之际就迅速发起冲锋，他们或直插要害、"中央突破"或"两翼包抄"，合围敌人。这种先进的战法，再加上士兵训练有素，所以秦军才能在战争中屡屡取胜，威震诸侯。在战国后期，唯一能对抗秦军的赵国军队，亦有他们的撒手锏——骑兵冲锋战术。赵武灵王"胡服骑射"改革之后，赵国的骑兵规模和骑兵作战能力均发展迅猛。赵国与他国作战，往往就利用他们的骑兵优势，以骑兵占领战场制高点，通过骑兵居高临下冲锋的方式冲垮敌人。公元前 269 年，秦赵在阏与（今山西和顺）交战。赵国名将赵奢前期故意行军缓慢，给秦军造成赵国畏战的假象，意在麻痹秦军。随后，他率部急行军赶到战场，以骑兵占领战场高地，迅速发起了冲锋，一举击垮了秦军。

战争频繁，对手之间相互对抗，也相互学习，这使得战国时期的战术手段迅速提升。比如，秦国在秦孝公时期与韩国交战，发现韩国的劲弩有强大的杀伤力，他们缴获劲弩后就用心研究，随后开发出威力更大的秦弩。在阏与之战被赵军打败之后，秦人也积极学习骑兵战术，并结合本国特点，开发出了用轻骑兵迂回包抄、合围敌军的战术。长平之战中，白起就利用轻骑兵包抄、合围的战法，将赵括率领的赵军成功地分割包围。

战术手段之外，军事指挥艺术在战国时期也发展到了一个新高度。战国时期，前期的军事指挥还是军政不分的，即一国的国相统领军队，指挥作战。越到后期，军事指挥越由专业化的战将负责。为赢得战争的胜利，这些将领竭尽所能，创造出了许多新的战役形式，指挥了许多经典战争。这些战例不仅丰富了指挥艺术，而且推动了军事思想的进一步发展。比如，孙膑在马陵之战中打败庞涓，采用的是伏击战；廉颇在长平之战中之所以能与秦军对峙三年，用的是堡垒防御战；白起在长平击败赵括，打的是大规模歼灭战；三家分晋之际，智伯先是对赵襄子用水攻，放水淹晋阳城，后来他自己也被赵、韩、魏三家水攻；齐国的田单用"火

**九歌图（局部）**

元代张渥创作的图作，根据屈原《九歌》创作。屈原是战国楚诗人、政治家。名平，字原。初辅佐怀王，做过左徒、三闾大夫。后因楚国的政治更加腐败，首都郢亦为秦兵攻破，他既无力挽救楚国的危亡，又深感政治理想无法实现，遂投汨罗江而死。

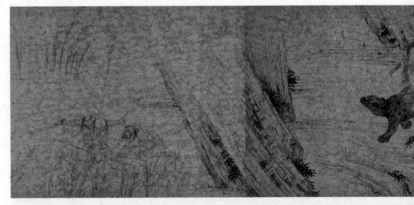

牛阵"奇袭燕军大营，用的是火攻。这些不同的作战模式和指挥思路，使得战国时期的战争异彩纷呈、可圈可点。更重要的是，随着战争实践的发展，兵家和兵法理论体系亦在战国时期趋于成熟，孙膑兵法、吴起兵法、鬼谷子兵法直到今天还是人们津津乐道的军事理论专著。

九歌图（续）

战国时期的赵国地处今陕西、山西、河南、山东之间，西面是秦国和韩国，西北有林胡、楼烦等少数民族部落，北面是中山国，东北与燕国、东胡相接，东南与齐国、魏国为邻，可以说是一个"四战之国"，地理位置很差，饱受邻国侵略之苦。

到赵武灵王当政之时，他敏锐地感觉到了骑兵在战争中的巨大威力，遂排除阻力，推行"胡服骑射"。具体措施有以下几项：其一，放弃宽袍大袖的华服，改穿胡服。变履为靴，以便于骑马，将原来用铜做的重甲改为用皮革做的轻甲，以减轻重量，便于在战场上快速驰骋。其二，招骑射，以优厚的待遇招募会骑马射箭的人充当骑兵。其三，收编胡兵，将赵地的胡人编入骑兵队伍，发挥他们善骑善射的特长，让他们带队伍，提升赵国骑兵的战斗力。其四，建立骑兵训练基地，购买胡马。生长在北方内蒙古高原一带的马匹善于奔跑，耐力好，比中原地区的马匹更适合做战马。其五，给骑兵配备更适合马上作战的长弓和剑矛，更新武器装备等。从这些内容我们就可以看出，赵武灵王的"胡服骑射"实质上是一场全面的军事革命，从服装到武器，从铠甲到战马，从士兵到战法，战争的各个环节都进行了一次全新的升级。

一年之后，这项改革就见成效了。公元前306年，赵国进攻中山国，一直打到宁葭（今河北石家庄西北）。赵国的另一路军队向西进攻林胡，一直打到榆中（今内蒙古伊金霍洛旗一带），迫使林胡王"献马求和"。一年之后，赵国再次进攻中山，一路攻城略地，收获颇丰，原属于赵国的鄗地被夺回。中山国只好献四城求和。两年后，赵国再次进攻中山国，到公元前300年，连续进攻五年后，终于将中山国全部吞并，赵国的土地连成了一片。

**彩漆木卧鹿**
战国中晚期的一件文物。

在进攻中山国的同时，赵国向北、向西不断扩张领土，将包括今山西北部、内蒙古中部的大片土地都收入囊中。国土面积的扩大，除了增加了人口和耕地外，对赵国来说还有一个特别的意义，那就是得到了宝贵的战马产地。有了内蒙古高原这个优秀的战马产地，赵国骑兵的战马供给就不缺乏了，骑兵的训练水平也水涨船高，步步攀升。"胡服骑射"的改革至此步入了良性循环：改革增强了赵国的军事实力，原来受侵略的赵国现在可以开疆辟土了，疆域的扩大使赵国有了更优越的战马产地，大量战马的出产进一步增强了赵国的军事实力。

赵武灵王的"胡服骑射"，不仅惠及赵武灵王一朝，而且还泽被赵国后世。到战国后期，在秦军一枝独秀之际，唯一能与秦军对抗的就是赵军。公元前269年，秦军进攻中原，围困了赵国的军事重镇阏与，赵国的大将赵奢带兵救援，在阏与之战中靠骑兵冲锋战术"大破秦军""解阏与之围而归"。赵军骑兵强大的战斗力，当然与赵武灵王推行的"胡服骑射"改革密不可分。

# 变法的影响千年不衰

为了适应激烈的兼并战争之需要，战国时期的几个大国均进行了自上而下的政策调整，是为变法运动。比如，李悝在魏国实行变法，吴起在楚国实行变法，邹忌在齐国实行变法，商鞅在秦国实行变法。这些变法在具体措施上当然有不少差异，但主要举措不外乎以下几点。

其一，废世卿世禄制为奖励军功制。西周时期，诸侯、卿大夫等贵族有封邑，封邑可以世袭，贵族的后代凭其血缘即可世代担任高官，享受特权。这就是世卿世禄制度。但随着宗法体系的没落和社会活力的激发，与贵族世家没有血缘宗法关系的士人阶层开始登上历史舞台。他们凭着个人能力投靠到卿大夫之家，充当家臣，卿大夫则以禄田或粟米向家臣支付报酬。这其实已是一种新型的官僚制度。至战国时期，随着士人阶层的不断壮大，这种新型的官僚制度得到了确认与普及。适应此种情势，各大国的统治者纷纷以"举贤任能"为口号，打击旧的世卿世禄制度，为新崛起的士人阶层提供更大的舞台。

其二，以郡县制代替封邑制。这一点是加强国君权力之必需，也是国君为应付兼并战争，最大限度动员全国力量之必然手段。封邑制是西周时期宗法封建体系之产物，当时周天子统摄天下，各诸侯国国君之权上受周天子之控制，下又受卿、大夫等家族势力之掣肘，很难动员全国之力发动战争。可待宗法封建体系解体之后，诸侯国各自为战，彼此征伐，此时诸侯国国君必须将权力集中到自己手中，以达到"富国强兵"的目的。也唯有富国强兵，才能保证自己的国家有能力发动战争或者应对战争。正是基于这种考量，各国纷纷推行郡县制。郡县制之下，郡守、县令均由国君任免，其职位不能世袭，视其忠诚度及能力优劣而任免进退。如此一来，国君对国家的掌控能力极大加强。这一点，为后来秦始皇创建帝制打下了基础。

其三，废井田，开阡陌。这一点是由铁制农具和牛耕技术的推广而催生出来的生产力大发展和田制变化。

从技术升级的角度看，春秋到战国，恰好经历了从青铜时代到铁器时代的发展历程。在中国历史上，铁器出现在春秋末期，在战国初期得到了普及。

任何一次技术升级，几乎都会溢出技术领域本身，对社会生活的各个方面都产生深刻影响，铁器普及更是如此。

在青铜时代，青铜器非常珍贵，主要用来制造礼器和兵器，绝大部分农具还是用木头和石头做的。青铜没有大规模地应用在农业上，这使得当时的农业生产效率还很低——大片的荒地尚未开垦，粮食的亩产也比较低。

铁器普及之后，情况就完全不一样了。铁器价格便宜，农民手中的农具很快就都变成铁制的了。铁制农具大大提高了农业的劳动效率——越来越多的荒地被开垦了出来，粮食产量也得到了大幅度提升。

在铁器普及之前，中华大地上的各个诸侯国并不是连在一起的，而是中间隔着大片荒野，这些荒野之地叫作"隙地"。比如，春秋时期，宋国和郑国之间就有"隙地六邑"。我们可以这样理解，西周初期的各个诸侯国，是一个点一个点地分布着的，而不是一片一片的。点与点之间的"隙地"上，往往生活着被称为"夷狄"的游牧民族。史书上描述的

"华夷杂处"，指的就是这种情况。

可是，铁器普及之后，诸侯国之间的"隙地"迅速被开发成了耕地，各国的疆域逐渐连成了一片。使用了铁制农具后，粮食的亩产量直接翻了一倍。荒地的大片开垦与粮食产量的大幅度提升，导致人口也出现了爆炸式增长。

耕地大面积增多，粮食产量几何级数增大，人口爆炸式增长，这意味着社会的生产力出现了大幅提升。社会生产力大发展之后，又势必要求社会调整生产关系。而"井田制"就是在这个背景下瓦解的。

你想，农民用了铁制农具之后，在很短的时间内就能把原来"井田"范围内的"公田""私田"耕种完毕。干完原来的工作之后，他们就有大把剩余时间开垦荒地，并在新开垦的土地上耕种，这部分土地上收获的粮食还不用交公，全归自己，岂不美哉？等大家都忙着开荒地之时，原来的那份井田也就变得不那么重要了——种也可，不种也可。慢慢地，井田制也就瓦解了。

井田制的瓦解倒逼国家的税收方式也进行了改革。以前，国君和贵族是靠井田里的"公田"来收税的，如今，井田制瓦解了，再用"公田"收税也就不灵了。怎么办？鲁国在公元前594年首先推行了一种新的税收模式——"初税亩"，它是承认土地私有合法化的开始。所谓"初税亩"，顾名思义，就是按照耕地的实际亩数来收税。也就是说，不管农民耕种的是原来的井田，还是后来自己新开垦出来的土地，一律按照耕地的实际亩数交税。如此一来，鲁国收上来的田税非但没有减少，反而大幅增加了。别的诸侯国一看，鲁国的这个做法不错，于是纷纷效仿，都采用了这种新式税收方式。这样一来，国家的力量也大大增强了。

牛耕技术与冶铁技术一样，也是诞生于春秋时期，大面积推广则到了战国时期。牛耕技术和冶铁技术天生是绝配，美国历史学家斯塔夫里阿诺斯说："只有铁犁才能承受得住牛的拉力，也只有耕牛才能拉动铁犁。"这两项技术的广泛推广，不仅让大面积的开垦与耕种变成了现实，而且也极大地提高了土地利用率。二者的效力一叠加，使得粮食的产量大幅度增加，农业经济迅猛发展。

在生产大发展的刺激之下，原来相互隔绝的一块块井田，势必被整块的大面积农田所取代。

与大开阡陌相配套，一些国家还兴修了大型水利工程。比如，魏国修了邺渠，秦国修了都江堰和郑国渠。这些国家修建的大型水利工程，既能防洪，还能灌溉，有时甚至能形成"沃野千里""天府之国"的奇效。此事一方面说明我国的农业和水利在战国时期就已经发展到了一个相当高的水平，另一方面也看出中央集权国家对社会经济生活干预力度之强大。土地资源归国家所有，国家为了让土地发挥最大效率，不惜进行巨大投入，修建大型水利工程，以确保农民的农业收成。农民有了好收成，国家自然可通过收取赋税来达成"国富"之目标。国库充实之后，就可拿出更多的钱粮来扩军练兵，"富国强兵"由此连为一体。而各国变法的最终目的，都是为了"富国强兵"。

概括地说，整个战国时代就是一个通过战争这种最暴烈的方式刺激、重组国家秩序的历史进程。在这一过程中，创建于西周时期的宗法封建体系被摧毁，百姓得以从等级森严的权力结构和宗法束缚中脱离出来，成为个人。可随后他们又以个人的身份被纳入国家组织之中，成为国家的一分子，听从国家的调遣，或按时缴纳赋税，或被征召为士兵。就此而言，我们可说战国时代实乃秦汉帝国的前夜。

# 🍂 诸子百家：从神到人的文化觉醒

大凡一个急速转型的时期，人们的内心安宁多会被打破。在时代的巨变面前，人们的身心均要受到极大的刺激与震动。旧的世俗权威和精神权威都倒掉了，旧的秩序解体了，旧规则也没几个人遵守了。过时的东西必须被摒弃，可新的权威、秩序及道德伦理尚未构建完成。此等情形之下，大部分人都会感到茫然若失，身心疲惫。另有极少的一部分人则会自觉肩负起文化使命，冷静地审视历史和现实，用心地去寻找适应新时代的指导原则和价值理念。这极少数的人便是思想家、哲学家。

春秋战国 500 多年的时间就是一个巨大的社会转型时期，此间涌现出的诸子百家，是中国历史上一流的思想家、哲学家，他们的思想可说是中国思想体系的核心部分。

## 儒家

孔子（公元前 551—公元前 479 年）是儒家思想的创始人，伟大的教育家、思想家。

孔子是春秋末期的鲁国人，他的祖先是宋国人，他的父亲叔梁纥是鲁国的武士。孔子自幼好学，以"知礼"著称。所谓"知礼"，就是说孔子不仅懂得当时贵族流行的礼仪形式，还深入研究了这些礼仪的沿革和文化内涵。孔子在历史上能确立儒家宗师的身份，最重要的一点就是他从周礼中提炼出了"仁"的思想理念，将一套事无巨细的贵族行为规范提升到了思想文化的高度。

孔子所说的"仁"，指的是人与人之间相亲相爱的一种美好关系，正所谓"仁者爱人"。"仁"又可分为"恕"和"忠"两个维度，"恕"是"己所不欲，勿施于人"，即不要将自己不愿遭受的事施加于他人；"忠"是"己欲立而立人，己欲达而达人"，这代表了一种可贵的分享精神，即自己有了成就和快乐，也希望别人有同样的快乐。

孔子希望个人都成为"仁者"（至少也要做一个"君子"），政府实行"仁政"，不要横征暴敛，过度压迫百姓。针对春秋时期"礼坏乐崩"的现实，孔子希望社会上的每个人都能恪尽职守，"君君臣臣，父父子子"，即国君要履行国君的职责，臣子要履行臣子的职责，做父亲的要有当父亲的样子，做子女的要有当子女的样子。

为了推行自己的仁政主张，孔子周游列国十四载，试图说服其他诸侯国国君接受"仁政"思想，构建一个稳定和谐的天下秩序。孔子游说诸侯国国君的行动失败了，但他在周游列国的过程中宣传了仁政主张，扩大了儒家学说的影响力。

孔子念念不忘恢复"周礼"，看似保守，其实他是一位伟大的思想革新者。他是当时最有名的礼学大家，但他却把文化关注的目光从鬼神转向了人——从祭祀文化转移到了礼乐文化和构建人间和谐关系的"仁政"上。他对"鬼神"采取一种搁置不议的态度，宣称"敬鬼神而远之"，其用意正在于重视人的潜能开发、重视理性、关注现实生活，而逐步摆脱神对人的束缚。

孔子还重新阐释了"天命"观。他在《论语》中所说的"天命"，已不再是一个王朝的政治天命，而是指个人的天命，即一个人可以通过充分开发潜能，"尽人事，听天命"，以自己的理性选择和积极作为来完成自己的道德使命、文化使命和生命体认。这一思想显然脱出了一切由神灵主宰的宿命论之窠臼，开启了从"神本位"到"人本位"的伟大转换。

孔子生前也曾短暂从政，但他绝大多数的时间都在从事教育工作。他兴办的私学是春秋末期最著名的私学，他的门下有"弟子三千，贤人七十二"，办学规模和教学成果都非常显著。孔子办私学，提倡"有教无类"，极大地降低了入学门槛，使平民百姓也可学习到以前贵族们才能独享的文化和技能。钱穆先生说："孔子是开始传播贵族学到民间来的第一个。孔子是开始把古代贵族宗庙里的知识来变换成人类社会共有共享的学术事业之第一个。"这个评价十分恰当。

孔子在教学过程中体现出了高超的教学艺术，他对弟子时而"因材施教"，时而"循循善诱"，师生之间如切如磋，如琢如磨，有着良好的人格熏染和学术砥砺。从这一点上看，孔子不愧为"至圣先师"，伟大的教育家。孔子和弟子之间相互问答的语录，后来被弟子及其再传弟子编辑成《论语》一书，成为儒家最著名的经典。

孟子是孔子之后的又一位思想大师，被称为"亚圣"。他是战国时期的鲁国邹（今山东邹城东南）人，其经历与孔子很相似，也是早年丧父，由母亲抚养长大，成人后以道德崇高、学问精深而著称。孟子继承了孔子的"仁"思想，也一度周游列国，试图劝说战国时期的各国君王实行"仁政"，他的劝说行动最后也以失败而告终。他晚年和弟子一起编撰了《孟子》一书，系统地阐述了自己的思想主张。

**孔子像**

孔子是春秋末期思想家、政治家、教育家，儒家的创始者。名丘，字仲尼，晚年致力教育，整理《诗》《书》等古代文献，并把鲁史官所记《春秋》加以删修，使其成为中国第一部编年体的历史著作。相传先后有弟子三千人，其中贤人七十二人。

孟子发展了孔子的"仁"思想，提出了著名的"性善"论，指出"人性本善"，人人皆有"四心"，即"恻隐之心，人皆有之；羞恶之心，人皆有之；恭敬之心，人皆有之；是非之心，人皆有之。恻隐之心，仁也；羞恶之心，义也；恭敬之心，礼也；是非之心，智也。仁义礼智，非由外铄我也，我固有之也，弗思耳矣"。意思是，人人都有同情他人、明辨是非善恶的本能，仁、义、礼、智这些优秀的品格是人本身固有的，并非外界强加的，只不过有些人不善于开发这些潜能罢了。在孟子看来，既然人性本善，那么做人行善行、执政行"仁政"也就成了顺势而为之事，而那些所谓的恶人，不过是丢失了自己的本性而已。

与孟子"性善"论相对的，还有儒家中持"性恶"论的荀子。荀子是战国晚期的赵国人，曾在齐国的稷下学宫三任"祭酒"，即担任学宫的最高职位，他后来游历楚国，当过兰陵（治今山东临沂兰陵县西南兰陵镇）县令。荀子认为："人之性恶，其善者伪也。"意思是，人性是恶的，有性善的人，那是人为矫正的结果。而荀子正是想通过"礼""法"并举的手段来矫正人性之恶，使之弃恶扬善。

荀子说："生而有耳目之欲，有好声色焉，顺是，故淫乱生而礼仪文理亡焉。然则从人之性，顺人之情，必出于争夺。"意思是，正因为人性中有恶的因子，如果顺从这种恶，任其发展，那社会秩序就乱了。为了制止引发社会动荡的"争夺"，就必须"明礼义以化之，起法正以治之，重刑罚以禁之，使天下皆出于治，合于善也"。即要用礼仪、法律和刑罚来治理民众，防止其作恶。

孟子与荀子之间的"性善""性恶"之争，与其说是纯粹的理论论争，倒不如说他们是针对不同时代所开出的不同"救治"药方。孟子生活在战国中期，他的"性善"论针对君王，侧重于正面引导，意在劝诱他们执行"仁政"；而荀子生活在战国晚期，当时的战争更惨烈，社会更混乱，荀子的"性恶"论针对如何治理民众，意在帮助统治者找到一种矫正现实弊端的执政理念。脱离孟子、荀子的具体时代而言，"性善"论和"性恶"论恰好从正反两个方面充分论证了后天学习对一个人成长的重要性，也论证了一切社会治理都要遵循以人为本、惩恶扬善的基本路径，这也更进一步地将文化关注的目光由神学（祭祀文化）拉向了人学（人间秩序的构建）。

### 道家

在中国，道家思想的地位仅次于儒家。如果说儒家思想是士人阶层的哲学的话，那么道家思想就是隐士的哲学。

在春秋战国这 500 多年的社会转型时期，有些人目睹了无休止的战争、动乱和死亡，对"礼坏乐崩"的社会痛感失望。他们选择了归隐，以退出争夺权力、地位和财富的方式来换得生命的安全和内心的安宁。这便是道家思想产生的社会基础。

春秋战国时期道家思想的代表人物是老子和庄子。

**老子骑牛图**

老子是春秋时思想家，道家创始人。一说即老聃，姓李名耳，字聃，做过周朝守藏室之史（管理藏书的史官），孔子曾向他问礼。后退隐，著《老子》。一说老子即太史儋，或老莱子。(明·张路)

跟孔子一样，老子也看到了统治者对底层民众的残酷压迫，并对此持强烈的批判态度。在老子看来，老百姓之所以难于治理，正是因为统治者法令滋彰、横征暴敛所致。老子反对统治者"瞎折腾"，提倡"无为而治"和"小国寡民"。

老子认为，"道"是万事万物获得生存和发展的根源，"人法地，地法天，天法道，道法自然"。为了顺应"道"，统治者应该"少私寡欲"，尽量少干预民众的生活，让社会顺其自然地去运行，这颇有点"小政府，大社会"的味道。

老子善于使用逆向思维，提出了中国古代的辩证法，他认为事物之间是存在着矛盾的，矛盾的双方又可在一定条件下彼此转化。他说："祸兮，福之所倚；福兮，祸之所伏。"这是说祸福之间可以互相转化。他说："物壮则老，是谓不道，不道早已。"这是说事物发展到鼎盛就要开始走下坡路。他说："有无相生，难易相成，长短相形，高下相盈，音声相和，前后相随。"这是对矛盾的双方相互依存的一种经典概括。他说："将欲歙之，必固张之；将欲弱之，必固强之；将欲去之，必固兴之；将欲夺之，必固与之。"这是辩证法在政治斗争和军事斗争中的应用策略。

如果说孔子的思想是以"仁"和"仁政"为核心，侧重构建人间和谐秩序的话，那么老子的思想则是以"道"为核心，侧重论述一种更抽象也更超越的宇宙观。

到了战国时期，庄子继承了老子的思想学说，既批评统治者的横征暴敛，又反对儒家倡导的"仁义"道德与"礼乐"文化。他主动选择归隐，拒绝参与任何政治事务。他认为，乱糟糟的现实社会已不可救药，不值得参与其中了，个人所应该做的就是要脱离对任何群体秩序的依赖，以归隐的方式独善其身，并实现精神上的绝对自由。

**梦蝶图（局部）**

取材于"庄周梦蝶"的典故，庄子是战国时哲学家、文学家。名周，做过蒙地方的漆园吏。家贫，曾借粟于监河侯（官名），但拒绝楚威王的厚币礼聘。继承和发展老子的"道"。（元·刘贯道）

在中国历史上，道家思想是儒家思想的一个很好的补充。当皇权统治和儒家伦理极大地束缚人的心性之时，道家哲学则会让人们从中找到难得的自由精神，借此抒发性灵。当一些官员在官场失意之时，他们也很容易从道家那里获得精神慰藉。因此，中国古代的文人在官场得意之时往往是心怀天下的儒士，而等他们遭贬谪之际则又自然而然地转成了看淡名利、寄情山水的道家信徒。儒家思想倡导的是一种道德人生，道家思想倡导的则是一种艺术人生，二者恰可互补。

## 墨家

墨家思想的创始人是墨子。墨子原本受孔子思想影响，学习儒家学说。但学儒之后他感觉儒家提倡的"礼"太繁琐了，儒家的厚葬做法太浪费钱财，儒家在服装、饮食等生活方面比较讲究，这些都会对普通民众的生活造成伤害。于是，墨子抛弃了儒家推崇的周代文化，转而倡导比周朝更早的夏朝文化，"背周道而用夏政"。钱穆先生称："墨家之学，盖本孔子批评贵族阶级之精神，而为更进一步之主张耳……其思想激进，于先秦诸子中可称左派，而儒家一脉则右派也。"

墨子的思想之所以比儒家更激进，我想可能与墨子的底层出身有关。墨子出身社会底层，面色黧黑，穿粗糙的衣服，吃简陋的饭菜，"以自苦为极"，常年为道义奔走，日夜不休，"摩顶放踵"，从头顶到脚跟都磨伤了。

若说儒家是士人的哲学，道家是隐士的哲学，那么墨家则完全是草根阶层的哲学。正因为要替最底层的民众代言，所以墨家比儒家更激进，甚至带有"民粹"和"反智"倾向。儒家主张"仁爱"，墨家主张"兼爱"。"仁爱"是一种讲究等级秩序的爱，而"兼爱"是一种无差别的爱；儒家主张"学而优则仕"（先学好本领然后再当官），而墨家则主张国君干脆就该把王位让给贤人；儒家提倡"礼乐"治国，墨家则反对一切礼仪和艺术。他们认为，治理国家的根本目标就是满足底层民众衣食住行的最低要求，凡是与这一目标无关的活动都应该被禁止。而且，只要让百姓维持最低的生活水平也就够了，统治者和民众都不应该享受丰富多彩的物质生活和文化生活。这便是墨家"非乐""节用""节丧"等主张的核心理念，这些观点的本意是抨击统治阶层的奢侈腐化，是有进步意义的。可是，社会总是向前发展的，物质和精神财富是不断增加的。在这种大趋势之下，墨子却想限制甚至取缔人们的物质享受和精神享受，仅让人们维持最基本的生存需求，这显然是违反历史潮流的。

墨家坚决反战，主张"非攻"。为了维护和平，墨子和他的门徒还曾建立了组织严密的民间维和部队——巨子组织。在极其残酷的战国时代，墨子的主张一度受到了草根阶层的拥护，不少底层民众加入墨家的巨子组织，过着"量腹而食"的清贫生活。可是，一旦社会步入一个正常发展的轨道，墨家的思想主张也就丧失了生存的土壤。对此，钱穆先生说："彼墨徒，本天志，倡兼爱，废礼乐，节丧葬，凡所谓贵族阶级之生活，将尽情破弃，而使人类一以'刑徒役夫'为例，是非人情也。"正因墨家的思想太极端，所以其历史影响不及儒家和道家。

## 法家

法家思想的代表人物有商鞅、韩非、李斯等人，他们均主张君主集权，主张用"严刑峻法"来治理百姓，他们设计一整套措施，用来帮助国君实施对臣民的严密管控。

法家思想可用"两面三刀"来加以概括。所谓"两面"就是"赏罚"，即一面用"厚赏"的手段鼓励人民为国家努力耕田和作战，另一方面则用"重罚"的方式使百姓不敢触犯法令。所谓"三刀"则是"法术势"，"法"就是国君颁布的法律、法令，"术"就是国君驾驭臣民的权术，"势"则是国君高高在上的权势和地位。法家认为，国君若能很好地使用"三刀"，就能充分发挥权力的威力，最大限度地整合资源，把国家的人力、物力、财力全部投入到农业生产和扩军备战之中，如此便能实现"富国强兵""成就霸业"乃至"一统天下"的目的。

法家的治国理念曾在战国时期风行一时，秦国也正是通过商鞅变法而走上了富强之路，并最终统一了六国。但是，法家严刑峻法的治国手段也引起了人民的强烈不满和不断反抗，大秦帝国也因此"二世而亡"。自此之后，法家思想就与"苛政"的坏名声联系在了一起，并受到了后人的严厉批判。总体而言，法家思想与其说是一种哲学，不如说是一种君王统治术更贴切。

## 阴阳家

阴阳家的主要人物是邹衍，他是战国中期的齐国人，与孟子同时代。他学识渊博，对天文、历史、地理等均有研究，也曾在稷下学宫讲学。

阴阳家的学说源自一种朴素的自然宇宙观，即认为万事万物都由阴阳两个对立面相斥相吸而构成，宇宙由天和地构成，天为阳，地为阴，人类由男人和女人构成，男性为阳，女性为阴。这种阴阳互补的二元论，后来又与"金木水火土"五行相生相克之说相融合，构成了阴阳五行学说的主要内容。此种学说认为，宇宙的运行有一套自然秩序，那就是阴阳互补，"万物负阴而抱阳"，同时，五行之间相生相克，即：木生火，火生土，土生金，金生水，水生木；金克木，木克土，土克水，水克火，火克金。这套理论再与天文气象、王朝兴衰、人事更迭乃至四季轮回等相附会，就将自然系统与人事系统联系在了一起，形成了一种颇有神秘色彩的"天人合一"的宇宙观。

阴阳五行学说在今天看来虽然与现代文明有悖，但它在古代却是中国思想体系中的重要一环。如果说儒家思想是以"仁、义、礼、智、信"五常构建一套人间道德伦理秩序的话，那么阴阳五行学说则以"金木水火土"相生相克的理论构建一种自然秩序。两套秩序平行发展，又时有交叉。

除上面所说的五家之外，诸子百家中还有兵家、名家、纵横家、农家等许多学术流派。相对上述五家的思想，这几家更偏重于技术操作的层面，在此就不一一介绍了。概括地说，春秋战国时期的诸子百家均生活在礼坏乐崩、战火连绵的乱世，他们的思想也产生于乱世，可他们的影响远远超越了他们的时代。他们的思想标志着中华民族的第一次文化觉醒——即在摆脱祭祀文化之后所能达到的理性高度。可以说，正是经过诸子百家这一思想上的黄金时期，中国文化才彻底从早期的神学（巫术和祭祀）阶段过渡到哲学阶段。诸子百家是文化上的巨人，他们的观点和方法照亮了一个民族乃至整个人类的思想天空；他们的思想历经千古，仍值得后人仔细咂摸、认真回味；他们的名字，也因此成了中国文化史上的一座座丰碑。

# 第二辑

## 秦汉

# 秦朝：中国历史上的第一个大一统王朝

公元前 221 年，秦统一六国。这是中国历史上的一件大事，具有划时代的意义。

自公元前 770 年周平王东迁时起，诸侯混战的局面已经持续了 500 多年，现在，秦统一了六国，这意味着长期战乱的结束。从这个意义上讲，秦统一六国符合人民长久以来的期盼。

对秦的最高统治者嬴政而言，统一六国是他最看重的功业。完成一统天下的大业后，他认为"秦王"这个称号已经与他的身份不符了——他现在是全天下的最高统治者，而不只是秦国的君王，于是他要求大臣为自己想出一个比"王"更尊贵的称号。大臣们建议他用"皇"，他自己选择"帝"，二者一结合，就有了"皇帝"这个称号——嬴政认为自己的功劳已经超过了历史上的"三皇""五帝"，称"皇帝"实至名归。如此一来，嬴政就成了中国历史上的第一位皇帝。

出于志得意满的膨胀心理，嬴政取消了"谥号"制度。所谓"谥号"，就是用一两个字对重要人物的一生做概括性的评价，算是盖棺定论。这一制度始于西周时期，周天子、诸侯及重要大臣去世后，人们会根据他生前的言行，给出一个"谥号"。君王的谥号，由礼官认定；大臣的谥号，由朝廷赐予。

**阿房宫图（局部）**
以唐朝诗人杜牧《阿房宫赋》文意，描摹阿房宫胜景。（清·袁耀）

谥号有"褒谥""恶谥"之分。褒谥有文、武、明、睿、康、景、庄、宣等，恶谥则有厉、幽、灵、炀等。谥号本质上是一种惩恶扬善的道德激励机制，它提醒手握大权的人物不要太任性。如果你胡作非为，即便活着的时候别人拿你没办法，那你死后还是会得到一个恶谥，被钉在历史的耻辱柱上；相反，如果你知道约束自己，用心体恤民众，那么死后就会得到一个褒谥，万古流芳。

可是，嬴政觉得谥号制度很不好，有"子议父，臣议君"之嫌。儿子议论父亲，大臣议论国君，这不是有损父亲、国君的威严吗？所以，他就废除了谥号。

废除谥号之后，怎么称呼死去的国君呢？这个问题难不倒嬴政。他说，我叫"始皇帝"，在我之后继位的皇帝就按数字计算，称"二世三世至于万世，传之无穷"。嬴政被称为秦始皇，就是这么来的。

秦始皇设想的"传之无穷"的大秦王朝，实际上是中国历史上有名的短命王朝，仅仅存续了 15 年，"二世而亡"。他废除的谥号制度，后来也被恢复了。不过，他使用的"皇帝"称号及相应的帝国体制则一直沿用了两千多年。

议定"皇帝"称号之后，秦始皇接下来面对的一个现实问题是：怎么来治理一个疆域如此辽阔的国家？针对这个问题，大臣出现了两种不同的意见。丞相王绾领衔上奏，说大秦朝的疆域太大了，最北边原来属于燕国的地方、最东边原来属于齐国的地方、最南边的原来属于楚国的地方，都离大秦王朝的都城咸阳太远了。这些地方不便于朝廷直接管理，所以请始皇帝将自己的儿子分封到这几个地方去当王。王绾的这个建议，实质上是让秦始皇继续使用西周分封制的办法来统治大秦王朝。

秦始皇将王绾的建议交给大臣讨论，赞同的人非常多，唯有当时担任廷尉的李斯反对。李斯反对的理由是，当年西周用的就是这种分封制，而分封制有天然的漏洞——它是依靠血缘关系而建立的，随着时间的推移，诸侯和天子之间的血缘关系会变淡。血缘纽带失效之后，彼此之间反目成仇、相互攻伐也就在所难免。春秋战国时期诸侯混战的局面不就是这么来的吗？现在，大秦好不容易实现了统一，若再继续使用分封制，那不是要重蹈覆辙吗？因此，李斯反对再分封诸侯，提出要采用郡县制，将大秦王朝的所有疆域都纳入朝廷的直接管辖之下。听了两派的意见后，秦始皇采纳了李斯的意见，改分封制为郡县制。秦始皇将天下分为36郡，郡的下面再设县。每一个郡设置郡守、郡尉和郡监三个地方官，他们是皇帝在地方的代理人，分别管理行政、军事和监察事务。他们都由中央直接任命，接受中央发给的固定俸禄。他们的职位不能世袭，皇帝随时可以罢免他们。而且，郡守、郡尉、郡监这三个职务并不是互相隶属的关系，而是互相牵制的关系。这种地方上的分权，充分确保了皇帝的最高权力不受挑战。

郡的下面设县，县的行政长官称县令，也由中央任命。如此一来，地方官员全由皇帝任免，皇帝的权力空前扩大，绝非昔日的周天子可以比拟。

郡县制并非秦始皇的首创，早在春秋战国时期，有些诸侯国就采用过这种管理地方的方式。商鞅变法时，也在秦国推行过郡县制。不过，经过秦始皇的这次改革，郡县制彻底成了大秦帝国正式的政治体制。此举标志着官僚政治取代了血缘政治，中国由贵族封建制度走向了皇帝专制制度。

皇帝专制，首先是为了保证帝国最高权力的集中，而不是分散。国家大权都集中在皇帝一个人手里，这不仅让皇帝拥有了至高无上的尊严，而且还让皇权和国家公权力实现了最紧密的捆绑——皇帝即代表国家。为了确保皇帝权力的绝对集中，其他人不得享有皇帝授权之外的任何特权。周朝时期实行分封制，周天子封自己的兄弟叔伯和功臣等为诸侯。诸侯在周天子面前是臣，但在自己的封国，他也是君。诸侯的位子，死后可由他的儿子继承。在自己的封地之内，诸侯拥有独立的人权、财权和兵权。这样的权力结构之下，周天子虽是名义上的天下共主，但权力是分散的。可是，秦朝的皇帝不一样。理论上讲，整个国家的所有权力都集中到了皇帝一个人的手上。皇位的传承也只限定在皇帝的家族之内，外人不得染指。皇帝之外，哪怕是丞相，他的官位也不能传给子孙。

天下那么大，需要管理的事情那么多，皇帝一个人当然管不过来，所以就需要找帮手。皇帝的帮手是谁？是官员。周朝采用分封制，实际上是周天子找自家的兄弟当帮手，封他们为诸侯，让他们和自己共治天下。秦始皇建立秦朝之后，不再找自家兄弟当帮手了，而是通过直接任命官员的方式，让官员代替自己治理国家。官员的手中虽然也有权力，但他们的权力完全来源于皇帝的任用和支持。

若再仔细分析秦朝确立的帝国制度，我们就会发现它具有双重性。在国家最高权力的继承问题上，实行的是"父死子继"，这是一种古老的血缘宗法制度；可在官员任用问题上，实行的却是考察、选拔、任用、罢黜等一套非常理性的程序，有人将这套程序概括为官僚契约制度。

官僚契约制度，让官员有了退出机制（官员犯了错，会受惩罚，会被免职）；血缘宗法制度，却让皇帝没有退出机制（皇帝犯了错，无人能罢免他），皇位必须限定在皇族以内，也难以保证代代出明君。一句话，皇帝专制，让国家的权力高度集中，有利于处理国内外事务，但也对皇帝的道德和才能提出了更高的要求。生活在帝制时代的人们，若不幸遇到了一个昏君，想再矫正他的错误就变得非常困难。有时实在无法在制度之内纠正皇帝的重大错误，就只好从外部摧毁整个王朝，再建立一个新的王朝。这就是中国历史上改朝换代的重要原因之一。

解释完了皇帝专制制度，我们回过头来继续说秦始皇。为了巩固统治，秦始皇收缴各国兵器，熔铸成 12 个金人，放置在皇宫前，以示从此不再有兵戈之乱。秦始皇还将各国的豪门大户迁到都城咸阳，便于监视。

　　接着，秦始皇大兴土木，进行了一系列的工程建设：他在全国范围内修建"驰道"（也就是马可以在上面疾驰的大道）。"驰道"系统以首都咸阳为中心，向东修到今天的山东，向南分别抵达今天的江苏、浙江、湖南、湖北。秦始皇修建"驰道"主要是出于军事目的——一旦哪个地方出现了叛乱，秦军可沿"驰道"迅速前去镇压。

　　如果说修建"驰道"是为了防止国内叛乱的话，那么秦始皇修建长城则是为了把匈奴挡在国外。战国时期，秦、赵、燕等几个北方国家出于防御匈奴的目的，就各自在自己的北方边境修建过长城。秦始皇统一六国后，派蒙恬率军北击匈奴，然后把秦、赵、燕的长城连成一体，修成了著名的万里长城。此外，秦始皇向南用兵，攻下了南越，在那里设立了桂林、象郡、南海三个郡，并修建了灵渠。经过秦始皇的开疆辟土，秦朝的版图历史性地拓展到今广西、广东和海南岛。

　　为了便于大一统王朝的管理，秦始皇下令统一了度量衡、货币和文字。这些"车同轨，书同文"的措施有效地整合了庞大帝国的各项社会资源，对中华民族形成一个统一的文明共同体起到了至关重要的促进作用。

　　公元前 213 年和公元前 212 年，秦始皇在李斯的建议下"焚书""坑儒"，销毁历史文化典籍，坑杀儒生和方士，他的这项摧残思想文化的政策饱受诟病。中国的历史文化发展到秦朝也确实由此进入了一个"拐点"。先秦的文化和秦朝以后的文化，"精气神"绝对不一样。一提"先秦思想"，人们立马能想到春秋战国时期的"百家争鸣"，会竖起大拇指，说那是中国思想史上的黄金时代。可秦朝之后呢？皇帝的权力确实是加强了，国家的疆域也拓展了，思想文化方面却再也没重现过"百家争鸣"的盛况。

　　完成统一的大秦帝国并没有给人民带来真正的福祉，反而成了压榨人民的机器。秦始皇开疆辟土的军事行动和大兴土木的工程建设，耗费了大量的财力和民力，再加上他脾气暴躁，性格残忍，虚荣心强，疑神疑鬼，导致民间的不满情绪越来越重。秦始皇想靠不断"出巡"来向百姓彰显皇帝的奢华排场和绝对权威，他还想找到长生不老的药物，让自己永远地活下去，一直当威风八面的皇帝。但他的这两个愿望都落空了，不但长生不老药没找到，他自己也于公元前210年死在了出巡的路上。

秦始皇死后，宦官赵高和丞相李斯发动政变，矫诏将本该继承皇位的公子扶苏赐死而扶持胡亥继位，是为秦二世。

**琅邪刻石**
又称"二世诏文"，原秦始皇刻辞刻于秦始皇二十八年（公元前219年），至宋代时已泯灭不存；现遗存的刻石刻于秦二世元年（公元前209年）。

秦二世元年（公元前209年）七月，秦朝从阳城征调九百人去戍守渔阳（今北京密云区西南），陈胜是这支队伍的屯长。当这批戍卒到达大泽乡（今安徽宿州东南）的时候，遇上大雨，道路不通了。等雨停路通之后，一算，完了，不能按时赶到渔阳了。按照秦朝法律，只要不能按时抵达戍守之地，所有的戍卒一律斩首。生死存亡的危急关头，陈胜毅然决定起义。他跟另一个屯长吴广商议："今亡亦死，举大计亦死，等死，死国可乎？"反正我们怎么着都要死，与其等死，还不如奋力一搏，起义算了。

吴广赞成陈胜的主张，二人开始策划起义。起义方案分为三步。第一步，搞造神运动，树立陈胜的光辉形象。他们用朱砂在一块绸子上写上"陈胜王"三个字，塞到渔民捕来的鱼肚子里。戍卒买鱼回来，发现了鱼腹中的"丹书"，甚为震惊。与此同时，陈胜又让吴广潜伏到营地附近的一座荒庙里，半夜点燃篝火，模仿狐狸的声音，大喊"大楚兴，陈胜王"！睡梦中的戍卒被惊醒，十分惊恐。第二天戍卒们交头接耳，对着陈胜指指点点，越看越觉得陈胜不是凡人。

第二步，制造摩擦，为起义寻找导火索。吴广趁两名押送戍卒的将尉喝醉之际，故意扬言逃跑，激怒二人。两名将尉果然中计，鞭打吴广，结果"广起，夺而杀尉"，陈胜也随即上场帮忙，杀了另一名将尉。酿成命案之后，冲突骤然升级，起义的导火索被点燃了。

第三步，战前动员。杀了两名押送戍卒的军官之后，陈胜召集戍卒发表演说。他说，我们在这里遇上了大雨，已不能按时抵达渔阳了，误了期限大家都要被杀头。退一步说，即便侥幸不被砍头，戍守边塞的人中十分之六七也要送命。好汉不死便罢，要死也得取得大名声啊！"王侯将相宁有种乎！"那些王侯将相难道都是天生的贵种吗？

陈胜的动员演说很成功，戍卒们本就对秦朝的暴政不满，这时都说"敬受命"，我们愿听从您的号令！于是大伙在陈胜、吴广的带领下，以袒露右臂作为标志，筑坛盟誓，宣布起义。陈胜自立为将军，吴广为都尉，一举攻下大泽乡，接着又迅速攻下了蕲县（今安徽宿州埇桥区蕲县镇）。中国历史上第一次大规模的农民起义战争就这样爆发了。

陈胜、吴广起义之后，引发了连锁反应，各地的百姓纷纷杀掉秦朝的官吏，响应起义。很快，赵、齐、燕、魏等地都打着恢复六国的旗号，加入反秦的大军。至此，大秦王朝已呈土崩瓦解之势。

秦朝这边，统治集团内部出现了严重的内斗。秦二世是个昏聩的君王，他听信宦官赵高的谗言，于公元前208年杀害了丞相李斯。公元前207年，赵高发动政变，逼迫秦二世自杀，然后立子婴为秦王。此时，项羽已经在巨鹿打败了秦军主力，刘邦也已率军攻克了武关，曾经被秦征服的六国又纷纷复国，大秦王朝已丧失一统天下的格局，因此，子婴不再称皇帝，而改称秦王。秦王子婴知道赵高是个大阴谋家，就设计杀死了这个臭名昭著的宦官。

秦王子婴即位46天之后，刘邦的大军就杀到了咸阳城下。子婴无奈，只好出城投降，大秦王朝就此灭亡，此时为公元前206年。

秦始皇是中国历史上的第一个皇帝，可是他的心理却不够健康，用现代心理学的视角来看，他几乎可说是一个心理特别阴暗的人。为什么这么说呢？不信？请看如下事实：公元前219年，秦始皇南巡衡岳，在渡江时遇到了大风，差点没渡过去。他问身边的博士，负责这片辖区的神仙湘君是谁呀？博士告诉他，传说是尧的女儿，舜的妻子娥皇、女英，她们死后葬在了这里。于是秦始皇大发雷霆，命令三千刑徒伐光了湘山上的树，"赭其山"，山都露出了红色的土壤。因遇风过江受阻就迁怒于神仙，还砍光湘山上的树加以报复，这种做法充分地暴露了秦始皇情绪极端不稳定的特点。

翻看《史记·秦始皇本纪》，我们还能发现秦始皇诸多情绪异常的举动。比如，公元前229年，秦国吞并了赵国。"秦王之邯郸"，他亲自跑到了赵国都城邯郸，到那里干啥去了呢？去复仇。"诸尝与王生赵时母家有仇怨，皆坑之。"原来，秦始皇的母亲是赵国人，曾住在邯郸，现在秦国把赵国吞并了，他就把当年跟母亲家有仇的人统统活埋，以报仇解恨。秦始皇的做法显然超出了正常的限度——就算人家当年跟你母亲家有仇，可都已经这么多年了，一般人早忘了。即便不忘，你也不能把所有的人都统统活埋呀。仇恨记得太清楚，一记几十年，且报仇的时候手段太狠，这并不能真正证明一个人的强大。恰恰相反，这暴露出了此人内心的自卑和虚弱——他在表象上报了仇，可他的心依然处于受伤的状态中。

与复仇相比，宽恕才意味着真正的强大。韩信在落魄之际也受过"胯下之辱"，可等功成名就之后，他并没有选择复仇，而是让当年侮辱自己的那个人当了个小军官，以示感谢。韩信说，若不是当年忍了他的胯下之辱，也就没有今天。

曼德拉的做法当然更为人津津乐道。在成为南非总统之前，曼德拉曾是政治要犯，长期被关押在罗本岛的监狱中。狱卒对曼德拉并不友好，经常虐待他。可是，当曼德拉就任南非总统之际，他特意邀请当年看守他的三名狱卒出席就职典礼。他说："在走出囚室，经过通往自由的监狱大门的那一刻，我已经清楚，如果自己不能把悲伤和怨恨留在身后，那么我其实仍在狱中。"这才是一个伟大政治家的高尚人格，这才是一个领导人该有的健全心智。相比之下，秦始皇的心理不是太阴暗了吗？

心理阴暗之人，惯常的表现就是情绪不稳定，喜怒无常，疑神疑鬼。如果说秦始皇"伐树赭山"代表着情绪极不稳定的话，那么以下事实则可证明他疑神疑鬼到了何等地步。

秦始皇在咸阳周围建了270座宫殿，以复道、甬道相连，他想去哪里就去哪里，办公地点不固定，休息场所也不固定，故意让人不知道他在哪里。有一次，他在梁山宫看到丞相李斯出行的时候排场很大，心里很不高兴。现场有人捕捉到了他对丞相李斯的不满，就把这一情况告诉了李斯。李斯听说后立马改正错误，减少了自己出行时跟随的车骑。这本来是一件好事。可秦始皇仍然不高兴了，怒曰："此中人泄吾语！"就是你们这些跟随我的人泄露了我的话。然后就审查，要查出到底是谁泄露了机密。结果，没人承认，案件结不了。按照正常的思维来处理的话，此事也许就不了了之了。可是，秦始皇不干，他"捕诸时在旁者，皆杀之"，把当时在他身边的人全抓住，然后杀掉。

类似的事件还有一起。公元前211年，一颗流星掉在了东郡（治今河南濮阳西南），"至地为石"，流星掉在地上就变成了一块石头。可是，不知道什么人在石头上刻了"始皇帝死而地分"几个字。秦始皇知道后就"遣御史逐问"，追查此事，结果没人承认这事是自己干的。暴怒的秦始皇就又采取了极端的做法，"尽取石旁居人诛之"，把住在石头附近的人都给抓来杀了，还"因燔销其石"，把那块陨石也一同销毁。这两件事充分暴露了秦始皇致命的心理疾病：他太爱发怒了，一发怒就失去理智，失去理智就乱杀人。

那么有人可能要问了：秦始皇的心理问题是怎么形成的呢？

这似乎可从他的成长经历进行解释了。

秦始皇名嬴政，他妈妈名赵姬，年轻时是赵国的一个大美人，被大商人吕不韦看中并包养。吕不韦刻意结交当时尚在赵国做人质的嬴异人，为其讨好秦昭王太子安国君宠姬华阳夫人与夫人的弟弟阳泉君，使嬴异人回秦国当太子，继承王位。嬴异人到吕不韦家喝酒，看中了赵姬。吕不韦遂将赵姬"转赠"嬴异人。一年后，嬴政出生，先姓赵。后嬴异人果然当上了秦王，是为秦庄襄王。

嬴政出生于公元前 259 年。就在他出生的前一年，即公元前 260 年，秦赵之间持续三年的长平之战结束，赵军惨败，四十万降卒被秦军坑杀，赵国不得不向秦国割地求和。可是，赵国事后并没有履行承诺。于是，秦国又出兵围攻赵国的都城邯郸。为了解救邯郸，赵国的平原君向魏国的信陵君求救，信陵君和他手下的门客通过一系列斡旋，盗取了魏王的兵符，矫诏统兵救赵，解邯郸之围。这就是历史上有名的信陵君"窃符救赵"的故事。

邯郸之围历时三年，正是小嬴政从出生到三岁这个阶段。这个时候，他和母亲赵姬就生活在邯郸城中。秦军出兵进攻邯郸之际，赵国要杀掉人质嬴异人。关键时刻，吕不韦买通了关系，将嬴异人救出，送回了秦国，留在赵国的就只有赵姬和小嬴政。赵姬和小嬴政在邯郸的日子过得提心吊胆,《史记·吕不韦列传》载:"赵欲杀子楚妻子,子楚夫人赵豪家女也,得匿,以故母子竟得活。"子楚就是嬴异人,也就是说,在嬴异人逃回秦国之后,赵国人还想杀掉赵姬和小嬴政,幸好,赵姬家里有钱,用各种办法将这对母子藏了起来,二人得以活命。这段充满恐怖的藏匿、逃命的生活想必给小嬴政造成了极大的心理阴影,让他对赵国乃至整个世界充满了仇恨。身为人质的儿子,朝不保夕的恐惧感和孤独感让他从小就不相信任何人,让他变得冷漠、残酷。

后来,小嬴政回到了秦国。这时他又由人质的儿子变成了太子的儿子。两种生活的反差实在是太大了。要接受这么巨大的反差,显然超出了一个小孩的心理承受能力。当年,在赵国东躲西藏的日子对小嬴政的心灵是一种伤害,现在,秦国王宫里锦衣玉食的生活对小嬴政来说也是一种伤害。这两种生活都不是一个孩子要过的正常生活,一个是过度惊吓,一个是过度享乐,一种

**五年相邦吕不韦戈**
器援长而狭,长胡,内部三面均有刃,是战国中晚期青铜戈的典型式样。

是过度小心，一种是过度任性。惊吓和小心让他变得多疑，过度的享乐和任性又让他变得傲慢、狂躁。这么多负面因素结合在一起，就造成了秦始皇疑神疑鬼、喜怒无常、残忍暴虐的性格，也就造成了他严重的心理问题。

# 秦始皇的功过是非

秦始皇统一六国，开启了以皇帝集权和郡县制为主要特征的帝国制度，此事在中国历史上具有划时代的意义。

经春秋战国长达 500 多年的频繁接触，各诸侯国之间已经形成了基本的文化共识。结束战乱，实现统一在战国中后期就已成为大势所趋。各国所争的，无非是由哪一国来完成统一的任务。秦统一六国，正是在此统一大势之下完成了一项历史任务。

秦始皇的最大历史功绩就是开创了帝国体制，拓展了统一国家的地理疆域和文化疆域，奠定了中华帝国"车同轨，书同文，行同伦"的社会组织形态。而其最大悲剧则在于：他虽于制度层面创建了帝国，可在管理层面，却依然是"穿新鞋，走老路"，继续以治理秦国的思路来管理一个大秦帝国。换言之，秦始皇在大帝国的制度构建方面颇有建树，可在治国手段的转换与升级方面却严重脱节。

秦始皇治下的大秦帝国，其执政思路不过是战国时期秦国政治制度的延续。自商鞅变法以来，秦国就一直奉行"战时体制"，一切以军事征服为目标。待秦始皇统一六国之后，战争已经结束了，这时秦帝国面临的首要任务是转"武功"为"文治"。可是，秦始皇依然用"战时体制"下的一系列暴虐手段来治理大帝国。他北面打击匈奴，南面进攻百越，两线同时作战，帝国的疆域因扩张战争而迅速扩大，但付出的代价也相当惨重。北线，蒙恬率领的进攻匈奴的兵力有 30 万，南线，派去进攻百越的兵力至少 50 万。

秦始皇让蒙恬主持修建长城，并建造了"秦直道"。"秦直道"是一条南北向的秦国交通大动脉，起于秦始皇的夏宫云阳，向北进入鄂尔多斯大漠，跨越黄河的北部大弯道，最后抵达九原（今内蒙古包头西），全长约 800 千米（合当时的 1 800 秦里）。要修建这样的大工程，在当时的生产力水平下绝非易事，所以"秦直道"至秦始皇死时还没完成。在南方，秦始皇则修建了灵渠。

统一六国之后，秦朝还继续发动战争，并修建一系列大工程，这极大地加剧了人民的负担。钱穆先生在《中国经济史》一书就说："秦之速亡，并不在于废封建而创立郡县制，而是统一天下以后，役使民力过多过急。如为修建阿房宫及骊山陵寝就劳役了 70 多万人，戍守五岭役使 50 万人，戍守长城役使 30 万人。加上堕城郭、决川防、夷险阻及筑驰道的力役，恐经常得征用 200 万劳动人民，乃是惊人之数。民力安得不竭？……由于政府动用如此庞大之劳动力，粮饷物资自亦相应增多。原来征收十分之一的田租，可能增加到十分之五甚至更多。"可见，对民众的过度榨取，是秦朝二世而亡的主要原因。

对于秦始皇发动扩张战争与大兴土木之间的关系，日本历史学家鹤间和幸在《始皇帝的遗产：秦汉帝国》一书中认为："诸如长城、直道、阿房宫、丽邑、云阳、灵渠的建设，都是在新的天下形势下，为实行战时体制所需要的土木建设工程。因此，不能说'秦统一天下而修万里长城'，而应该说'秦统一天下后，在发动对外战争时修筑了万里长城'。"这个观点非常值得重视。秦始皇之大兴土木，实乃其战时体制之组成部分，它们或直接服务于前线作战，或为了震慑百姓，以达维护帝国稳定之效。

　　大秦帝国脱胎于战国时期的秦国，它靠秦国强大的军事实力统一了六国。可是，"马上得天下，不能马上治天下"。靠武力夺得的天下，不能再用武力征服的手段来治理。治理大帝国一定要及时地转换思路，弃"武功"，用"文治"，改"战时体制"为"和平体制"。秦始皇在这个问题上犯了大错，后来的汉高祖刘邦吸取了秦朝灭亡的教训，在夺得天下之后及时采用"黄老之术"治理国家，让百姓得以休养生息。于是，才有了西汉时期的"文景之治"。实践证明，一个王朝能否及时地从战时体制转向和平体制，实在是一个至关重要的问题。

# 刘邦如何创建西汉王朝

　　大秦帝国"二世而亡"，取代秦王朝的则是由汉高祖刘邦所创立的西汉王朝。自西汉王朝开始，中国进入了一个时间较长的繁荣时期。汉朝的统治也使中国人和汉人几乎画上了等号，"汉人"和"汉字"的说法一直沿用至今。仅此一点，便可见汉朝对中国历史影响之深远。

　　刘邦仅比秦始皇小三岁，两人均出生在战国末期。在秦始皇当政时，刘邦仅是沛县的一个小亭长，属于社会底层之人。他在秦末天下大乱之际乘势起义，加入了反秦的队伍之中。

　　各路反秦队伍的盟主楚怀王曾与诸将有约："先入咸阳者，王之。"意思是谁先攻克秦朝的都城咸阳，就封谁为秦王。当时反秦人士的考虑是，灭掉秦朝之后再恢复到战国时期的诸侯国体制，六国各自复国，秦朝的土地和人民则封赏给攻克咸阳的将领。

　　刘邦率军西进攻秦，项羽率军北上救赵，两路大军从不同的方向进攻秦军。结果，刘邦于公元前 206 年首先攻入秦都咸阳，秦王子婴投降，秦朝灭亡。按照约定，刘邦此时应该被封为秦王。可是，项羽凭借强大的武力推翻了"怀王之约"，重新分封诸侯，将刘邦封在了蜀地，名为"汉王"，而项羽自己则自封为"西楚霸王"。

不久，刘邦发兵进攻项羽，历时四年的"楚汉相争"就此开始。在战争的初期，刘邦在军事上并不占据优势，但刘邦善于使用人才，他的团队中有萧何、张良、韩信、陈平等奇才。这些人集合一处，项羽显然不是对手。最后，双方的军队在淮河岸边的垓下（今安徽固镇东北、沱河南岸）展开决战，项羽战败，突围后逃至乌江岸边自尽，楚汉战争以刘邦的胜利而告终。

公元前202年刘邦称帝，建国号汉，他听从张良的建议，定都长安，西汉王朝就此诞生。

刘邦出身底层，跟着他打天下的大部分人也是草根阶层，所以西汉创建之初是一个彻底的平民政权。草根出身的君臣在当时无力重建一套政治运作体系，所以只能因陋就简，"汉承秦制"。不过，汉朝人吸收了秦灭亡的教训，知道治理一个大帝国不能一直采用战时体制，不能用法家那套严刑峻法的方式治理国家。于是，西汉初期以道家思想作为治国理念，提倡"无为而治"，用"黄老之术"治国。这种理念一直沿用到文帝、景帝时期，创下了"文景之治"的美好局面。

在权力分配方面，刘邦刚刚建立汉朝的时候，自己当皇帝，也封功臣为王，共分了七个异姓王（韩信为楚王，彭越为梁王，韩王信为韩王，吴芮为长沙王，英布为淮南王，臧荼为燕王，张耳为赵王）。秦朝刚被推翻之际，项羽当楚

**汉高祖像**

汉高祖即刘邦。字季。秦末任泗水亭长。秦二世元年（公元前209年）陈胜起义，他起兵响应，称"沛公"，初属项梁。公元前202年战胜项羽，即皇帝位，建立汉朝。在位期间，继承秦制，实行中央集制度。

**汉殿论功图**

取材于"汉殿论功"的典故。汉高祖刘邦初立，功臣在殿上争功邀赏，致拔剑砍殿柱。叔孙通乃说高祖召鲁地诸生，规定朝仪，高祖大喜，以为如此始知皇帝之尊。（明·刘俊）

霸王，曾试图将秦朝的帝制变回到战国时期的诸侯制，他分封了十八个王，刘邦是其中之一。现在，刘邦自己当皇帝，仍分封功臣为王，可见他采取的是一种混合政体——既继承了秦始皇创建的帝制模式，又采用了当年项羽的一些做法。

混合政体并没有持续太久。刘邦与功臣很快离心离德，互相猜忌。随后，他以叛乱、暗杀、叛国等罪名将异姓诸王清除（仅长沙王吴芮幸免）。清除异姓王之后，刘邦大封同姓王和嫡系功臣，并约定"非刘姓不得王，非有功不得侯"。

刘邦清除异姓王、改封同姓王，这可看作是汉朝权力分配上的一次本能反应，其效果不大。异姓王靠不住，同姓王就靠得住吗？也靠不住。在极大的权力诱惑面前，既然骨肉相亲做不到，骨肉相争也就在所难免。自汉文帝时期起，西汉的中央政权就逐步实施"削藩"计划。

削弱藩国的行动一般通过下列措施进行：诸侯的封地被分成若干小封地，皇室近亲中的刘氏成员被新立为小封地之王；若某一个国谋反，被镇压后中央就接管该国的土地，将其化为帝国的郡县；还有，若某王死后无子，没有法定继承人，那么正好"国除"，这个封国就不再设了，封地也随之收归朝廷。经过文帝一朝，西汉王朝接管了梁的一部分土地，化为东郡；赵、齐、代等国的部分封地划出来，增设了河间、城阳、济北、太原四个王国。淮阳国则直接被分为淮阳、颖川、汝南三个郡，进了中央的口袋。

汉景帝时期，朝廷继续采取措施缩小诸侯国的领地。最大的举措当然要数平定"七国之乱"的军事行动了。公元前154年，吴王刘濞联合楚、赵等国发动了叛乱。汉代名将周亚夫很快平定了七国之乱，刘濞兵败被杀。借着平定七国之乱的机会，汉景帝将七国彻底废除，其封地全部纳入西汉王朝的直接管辖之下。

平定七国之乱，意味着由皇帝代表的西汉王朝在与诸藩王的权力较量中取得了胜利，诸王的权力则再一次被削弱。但是，七个藩国联合发动叛乱，对帝国的打击和震撼也是相当大的，这促使帝国的最高统治者下决心寻找更彻底、更完善的解决方案。到了汉武帝统治时期，实行"推恩令"政策，下令让诸侯"推恩"，让诸侯的所有儿子都有权继承一份封地。如此一来，藩王的支庶都受封为列侯，藩国被分为若干侯国。几代之后，藩王辖地仅有数县，再也无力对抗朝廷了。至此，西汉王朝与藩王之间的权力达到了平衡，帝国的皇帝集权才名正言顺地落到了实处。

从秦到汉，是中国历史上的帝制创建阶段。秦始皇创建了一个大一统的帝制王朝，汉朝在制度层面上继承了这份"始皇帝的遗产"，而汉朝的几代君臣通过一次次的修补，逐渐完善了帝国制度的意识形态、执政理念和权力分配格局。可以说，正因为有了这些"漏洞修补"措施，汉代才将一个皇帝集权的"帝国编程"传给了中国。在汉朝之前，秦朝的帝国名声不佳，在汉朝之后，帝国的国家治理模式就已被人们接受并视为正统，一直沿用到清朝才结束。

文景之治是中国历史上著名的盛世之一，对此，《史记·平准书》有一段经典的概括："汉兴七十余年之间，国家无事，非遇水旱之灾，民则人给家足，都鄙廪庾皆满，而府库余货财。京师之钱累巨万，贯朽而不可校。太仓之粟，陈陈相因，充溢露积于外，至腐败不可食。众庶街巷有马，阡陌之间成群，而乘字牝者傧而不得聚会。守闾阎者食粱肉，为吏者长子孙，居官者以为姓号。故人人自爱而重犯法，先行义而后屈耻辱焉。"意思是，汉朝通过七十多年的持续建设，国家无大事，只要不遇到水旱灾害，老百姓就会家给人足，国家积聚的钱币千千万万，以致穿钱的绳子朽烂了，无法计数，国家仓库的粮食一年接一年地堆积，有的露积在外，以至腐烂不能食用。普通街巷中的百姓也有马匹，田野中的马匹更是成群，以致骑母马的人都会受到歧视，不好意思参加聚会。居住里巷的普通人也能吃上精美的饭食，为吏的老死不改任，做官的以官为姓氏名号。在这样的盛世里，人人知道自爱，崇尚礼义，不愿意干作奸犯科的事。

文景之治的盛世局面，当然与汉文帝和汉景帝两朝的开明统治密不可分。汉文帝刘恒最受称道的就是他的宽俭待民。汉文帝生活十分节俭，宫室内衣服很少添置，即便对他宠爱的慎夫人，也令"衣不曳地，帷帐无文绣"。他曾想建造一座露台，但一算要花掉十户中等人家的财富，于是就取消了修建计划。他为自己修建的霸陵，"不得以金银铜锡为饰"，用的全是瓦器，坟墓也依着山势而建，不用人工将坟墓修建得高高大大。

汉文帝重视农业，多次下令劝课农桑，两次"除田租税之半"，一度把原来"十五税一"的田租降为"三十税一"。汉文帝十三年，他还下令全免田租。这些轻徭薄赋的政策无疑大大有利于百姓和国家的"休养生息"。

汉文帝当政期间，还有几件事干得比较漂亮。

其一，汉文帝自己带头，模范守法，不以个人意志破坏法律规定。一次，汉文帝出行，路过渭桥，有人在桥下走出，御驾上的马受惊而跑，文帝自己也受到了惊吓。文帝很生气，命令侍卫逮捕了此人，交给廷尉张释之处理。可是张释之却只判处此人罚金四两。张释之向文帝解释说，这种处罚是法律上规定的。法律是天子和天下人共同制定的，如果我们轻易地改变法律，就会使人们失去对法律的信任。所以，不能处死此人，只能依照法律来判决罚金之罪。汉文帝听后说"廷尉当是也"，认为张释之做得对。

其二，文帝下诏重新制定法律，废除了"收孥相坐法"，即一个人犯罪不再连累他的家人，此外还下令废除了黥、劓、刖、官四种残损肢体的肉刑。

其三，汉文帝还于公元前 178 年下诏废除了诽谤、妖言之罪，以鼓励进谏。他说，古代贤君治理天下都鼓励进谏，可现在的法律却还有诽谤、妖言的罪名，这会导致众臣不敢尽情发表意见，而皇帝也不能听闻自己的过失。还保留着这条法律，怎么能招来远方的贤者，老百姓中有的人诅咒皇上，他们自己也相互谩骂，官吏就以为他们大逆不道。老百姓有其他对朝廷不满的言论，官吏就认定他们诽谤朝廷，并判处重罪。其实，这不过是一些平民百姓愚昧无知罢了，他们因此就要被处死，我觉得这实在不应该。从今以后，对这样的百姓就不要治罪了。汉文帝能果断地废除了因言获罪的法律，确实体现出了一代明君的不凡气度。

此外，汉文帝还废除了"盗铸钱令"，意思是百姓自己私自铸钱也不治罪了，要铸就铸吧；原来归属国家的山林川泽，汉文帝也下令开放给民间了，百姓有愿意来采伐、开矿的，那就来吧。

汉景帝在道德水平上不如汉文帝高，但他在位期间继续推行"无为而治"的执政理念，并大力"削藩"。在平定"七国之乱"后，诸侯王国控制的郡由汉高祖时的 42 个郡减为 26 个郡，而中央直辖的郡由汉高祖时的 15 个郡增加至 44 个郡，汉王朝中央的郡数远远超过了诸侯王国的郡数，这对帝国的巩固意义重大。汉景帝还收回诸侯国的官吏任免权和盐铁铜等矿产的税收权。如此一来，诸侯国的权力被削弱了，而汉王朝的权力则得以大大巩固。

文景之治是中国帝制历史上的第一个太平盛世，汉初所奉行的"无为而治"并不是无所事事、放任自流，而是凡事量力而为，顺势而为，不瞎折腾，不扰民。

**汉景帝像**

汉景帝即刘启。西汉皇帝。文帝之子。实行"削藩"，平定吴楚七国之乱，遂将诸侯王任免官吏的权力收归中央，王国行政由中央所任官吏处理。

# 王朝政权合法性的构建

在夏商周三代，政权合法性的问题是建立在"君权神授"理论之上的，具体的操作方案则是通过占卜来完成的，比较有名的说法就是周成王"定鼎于郏鄏，卜世三十，卜年七百，天所命也"。意思是说，周成王知道自己能当天子不代表自己的子孙后代能永远当天子，自己的王朝也不会永远存续，他用占卜的方式给自己的政权赋予了一个期限：传位三十世，享国七百年。

可是，秦始皇统一了六国之后，他觉得自己的功劳超过了历史上的"三皇""五帝"，自称"皇帝"。不仅如此，他也不满足于有期限的执政了，而要无限期执政，"朕为始皇帝，后世以计数，二世、三世，至于万世，传之无穷"。按照他的构想，秦既然能以武力统一六国，就足以靠武力维系自己的政权，且"传之无穷"。这种简单、粗暴的思维方式与秦朝一贯奉行的法家治国理念是一致的。另外，秦始皇残暴、骄纵的性格也让他天然地把武力作为政权合法性的全部依据。

刘邦经历了秦朝从统一到崩溃的全过程，且参与了反秦运动，他对秦朝统治的种种弊端有着深刻的感性理解。刘邦建立汉朝之后，吸取了秦朝灭亡的种种教训，其中也包括政权合法性的建构问题。概括地讲，刘邦对汉朝政权合法性的建构基本上是通过两个方式完成的，一个是编造谎言，另一个是实行"文治"。

先看刘邦如何编造谎言。《史记·高祖本纪》上来就说："高祖，沛丰邑中阳里人。姓刘氏，字季。父曰太公，母曰刘媪。其先刘媪尝息大泽之陂，梦与神遇。是时雷电晦冥，太公往视，则见蛟龙于其上。已而有身，遂产高祖。"这段记述，前半部分是写实：刘邦是沛县丰邑中阳里人，他爹叫刘太公，他妈叫刘媪。从他爹妈的名字就可看出，刘邦是个出身低微的人——爸爸、妈妈连个正经的名字都没有。那这么一个底层人家的孩子凭什么当上皇帝呢？后半部分就给出了解释，刘媪在野外睡觉的时候梦见了神，当时电闪雷鸣，天显异象。刘太公去的时候又看见有一条蛟龙在刘媪的身上。随后，刘媪怀孕，生下的孩子就是刘邦。这段记述等于明白无误地告诉我们，刘邦天生就不是凡人，而是龙种。既然是龙种，那日后当上皇帝不就是天经地义的事吗？汉朝的政权合法性在哪里呢？这就是政权合法性之一：刘邦是龙种，他当皇帝就是天命，天命不可违，所以汉朝的政权也是不可动摇的。

为了佐证刘邦是龙种，史书上还记述了发生在刘邦身上的其他异象，比如"隆准而龙颜，美须髯，左股有七十二黑子"，这个谎言好理解，既然是龙种，那长得就得跟龙有点相似。还有，"常从王媪、武负贳酒，醉卧，武负、王媪见其上常有龙，怪之"。这是说喝醉酒的时候，真龙显原形了。刘邦遇蛇挡路，拔剑斩蛇。结果，有一老妪说，刘邦所斩之蛇是白帝子，"今为赤帝子斩之"，这等于明白无误地告诉人们：刘邦就是赤帝之子，是天龙下凡。刘邦斩蛇起义之后，为逃避秦朝官府的追杀，曾"隐于芒、砀山泽岩石之间"，官府找不到，可刘邦的老婆吕雉就能找到，找到的原因竟然是"季所居上常有云气，故从往，常得季"。说刘邦所在的上空有云气，这云气就是吕雉的导航仪，所以她能轻易找到刘邦。

不要小看了刘邦身上这些有关龙种、龙颜、七十二黑子、云气等神乎其神的传说。它们既然被当作正史记载下来，这就足以说明刘邦有意通过权威机构来发布这些谎言。这些谎言一遍遍地重复，最后竟然成了"主流叙事"和"主流史观"。我们在刘邦身上看到，谎言重复一千遍虽然仍是谎言，但是这些谎言帮助他完成了政权合法性的建构。换言之，谎言是假的，但它在历史上所起到的作用却是真的。

除了编造谎言之外，还要有"文治"理论来为政权寻找合法性的依据。为西汉政权提供"文治"理论的人是陆贾。陆贾曾追随刘邦平定天下，他有出色的口才，曾成功地说服南越王赵佗归顺汉朝。陆贾是儒生，常在刘邦面前

**汉宫春晓图(局部)**
以人物长卷画，生动地再现了汉代宫女的生活情景。
（明·仇英）

"说称诗书"，刘邦向来看不起儒生，遂骂之："乃公居马上而得之，安事诗书！"我的天下是靠马上征战得来的，哪里是靠谈诗论书得来！

陆贾回答："居马上得之，宁可以马上治之乎？"您从马上夺得天下可以，难道治理天下也靠马上功夫吗？

反问之后，陆贾用历史上正反两方面的事例做了论证，告诫刘邦，秦朝的武力很强大，可一味地迷信武力，靠严刑峻法来治理国家，结果很快就亡国了。假使秦在统一了六国之后实行仁义之道，陛下还能有机会得到天下吗？

刘邦被陆贾说服了，他让陆贾著书，专门论述"秦所以失天下，吾所以得之者何"。陆贾连续写了十二篇文章，结果，"每奏一篇，高祖未尝不称善"。陆贾所写的这十二篇文章结集成书，是为《新语》。

《新语》可以说是"文治"思想的重要理论著作，亦可说是汉朝初

汉宫春晓图（续）

年的执政纲领。按照陆贾的说法，秦朝之所以灭亡，既因为它的统治者傲慢自大、奢侈无度，亦因为它的治理手段过于严酷残暴、不近人情。《新语》强调，帝国一定要积极地推行仁政，帝王要尽力效法古代优秀帝王，要乐于倾听大臣的批评意见，要关心臣民的福祉。帝国政府不可迷信于严刑峻法，而必须重视伦理道德的价值，并把"文治"作为取得国泰民安的最主要手段。

政权合法性问题从来就不是一个字面上的逻辑推演问题，而是一个政权如何实现优良治理以达到国泰民安的问题。政权合法不合法，很多时候不能光看如何得到政权，更多时候还要看一个政权的治理成效——百姓在你治下的王朝能安居乐业，他们就认可了你的政权，百姓认可了，你的政权也就合法了；相反，如果你的政权不能给百姓以福祉，不能赢得百姓的认可，那么你的政权就不合法。这是政权合法性在治理层面的实践逻辑，这个逻辑很朴素，却最关键。

汉朝继承的完全是秦朝的帝国制度，但它在构建政权合法性这个问题上显然比秦朝技高一筹，秦朝治国全靠武力，而汉朝则在武力建国之后，迅速转到"文治"的轨道上来。正因如此，汉朝成功地避免了秦朝的短命悲剧，并将帝国制度一步步地稳定、完善起来。

# 明目张胆的阳谋——推恩令

　　文景之治之后，西汉王朝进入了汉武帝时代。汉武帝统治西汉王朝长达 54 年（公元前 141 —公元前 87 年），这一阶段也是西汉王朝的强盛时期。

　　汉武帝于公元前 127 年，颁布"推恩令"，令诸侯王将封邑分给子弟；公元前 122 年又由削藩引起了淮南王和江都王的反叛，削平叛乱之后，中央政权进一步巩固；公元前 112 年，汉武帝又借诸侯供奉皇室的酎金（诸侯于宗庙祭祀时随同酎酒所献的黄金）成色不好及数额欠缺之故，夺爵 106 人。至此，自汉高祖刘邦以来的封侯者被罢黜殆尽，地方再也无力对抗中央。

　　与文治相比，汉武帝最大的功业还是他征讨四方的武功。凭着汉王朝强大的国力，汉武帝在对外关系中一改前朝的防御策略，转而积极进攻。他先平定了南方闽越国的动乱，征服了现在的浙江、福建等沿海地区，随后又征服了现在的广东、广西及越南北部地区。南方平定之后，他于公元前 129 —公元前 119 年的十年间连续发兵进攻匈奴，夺取了今内蒙古的河套地区，控制了河西走廊，将汉朝的北部边疆从长城沿线推至漠北。

　　在对匈奴的作战中，汉武帝并非一味进攻，同时也在寻找一些盟友，

**上林图卷(局部)**

取自西汉司马相如的名篇《上林赋》，描写了汉武帝时的皇家园囿"上林苑"的美景，以及汉武帝与群臣狩猎时的壮观景象。(明·仇英)

以对付共同的敌人。他于公元前 139 年派遣张骞出使西域，最初的目的是为了联合西域的大月氏，一块夹击匈奴。张骞在出使的过程中一度为匈奴人所俘虏，历经艰辛才到达大月氏。可是，大月氏已经西迁至中亚大夏故地，并建立了贵霜帝国，不想再卷入中亚的战事。张骞于公元前 126 年返回长安，向汉武帝汇报了出使西域的全过程及西域各地的风土民情。汉武帝遂对西域地区有了极大的兴趣。他随后通过军事行动将西域并入汉朝版

上林图卷（续）

图，并于公元前 121 年在河西走廊上设立了武威、酒泉两郡，后又于公元前 111 年增设张掖、敦煌两郡，将长城延伸至玉门关一带。如此一来，汉王朝的势力就扩展到塔里木盆地一带。

汉武帝之派兵东征西讨，有些是必要的，有些是不必要的。即便是一些必要的战争，比如讨伐匈奴，也不需要倾全国之力，付出那么惨重的代价。比如，公元前 119 年那次进攻匈奴，汉军取得了重大胜利，霍去病封狼居胥山（今蒙古国境内肯特山）。可是，这次战争出塞前汉军所带马匹 14 万，入塞时所剩不到 3 万，损失之惨重可见一斑。此后，汉军再也无力发动对匈奴的大规模进攻了。匈奴的人口和实力，大约只相当于汉朝的一个郡，而且，"其地不可耕而食也，其民不可臣而畜也"，根本不值得花费那么大的力气去征讨。对于汉武帝的开边战争，唐朝的李华写过一篇《吊古战场文》，其中直言："汉击匈奴，虽得阴山，枕骸遍野，功不补患。"此等结论可说是诸多史学家的共识。

汉武帝在位期间穷兵黩武，这是一把双刃剑，它既使汉朝的国威和国力达到了最高点，但同时也耗空了国库，引发了财政危机。为了应对财政危机，汉武帝想尽办法，凡是能为政府增加财政的招数一律采纳，包括公然卖官鬻爵。这其中的一项重要措施就是实行国家盐铁专卖制度，把煮盐、冶铁、铸造钱币等几项高利润的生产、销售活动控制在朝廷手中。稍后，又将酒类列入国家专卖的范围。

汉武帝还任用桑弘羊、东郭咸阳、孔仅等敛财高手做官，令其替国家敛财。这些人也果然手段了得，很会"与民争利"。尤其是桑弘羊，他后来官至大农丞，掌控财权二十多年，用尽一切手段敛财，"尽笼天下之货物，贵即卖之，贱则买之"，至此国家成了最大的商人，富商大贾的牟利空间被大大压缩。

汉武帝时期还施行"算缗告缗"的征税办法，设法将商人手中的钱财搜刮到国库之中。算缗是国家向商人征收的一种财产税，告缗是国家对商人隐瞒资产、逃避税收的惩罚措施。这项措施亦从公元前 119 年开始颁布，商人被要求主动申报财产并交纳财产税，这叫"算缗"。若敢有隐瞒不报或呈报不实，查实后要罚戍边一年，并没收其财产。同时重奖告发者，告发他人隐瞒财产者，政府赏给告发者没收财产的一半，这叫作"告缗"。

"告缗"因有奖励告密的实际效果，颇与儒家的"仁政"理念相抵牾，所以仅仅施行了三年就停止了。可是，仅仅三年的时间，中等以上的工商业者就因"告缗"纷纷破产，政府没收的土地，大县数千顷，小县百余顷，此外还有大量的房屋、奴婢，大批工商业者的财产就此转移到国库之中。最终，汉武帝度过了财政危机，但付出的社会代价也极其惨重。可以说，汉武帝之穷兵黩武与搜刮民脂民膏之间有着密切的因果关系，二者叠加在一起，几乎翻转了文景之治时期"与民休息"的"仁政"方向，又退到了秦朝时严刑峻法的治国路径。

汉武帝刘彻 16 岁时登基，70 岁时驾崩，统治帝国整整 54 年。在超过半个世纪的时间里，他东并朝鲜、南吞百越、西征大宛、北破匈奴，在开疆辟土和大扬国威方面功勋赫赫。政治上，他颁行推恩令，解决了诸侯王与中央政权相抗衡的问题，巩固了中央集权的帝国制度。文化上，他采用了董仲舒的建议，"罢黜百家，独尊儒术"，以儒家思想为主流意识形态，这一点为以

**东方朔像**

东方朔是西汉文学家，字曼倩。武帝时，为太中大夫。性诙谐滑稽。曾以辞赋谏武帝戒奢侈，又陈农战强国之策，然终不为用。辞赋以《答客难》《非有先生论》有名。《汉书·艺文志》杂家有《东方朔》二十篇，今佚。

后各个王朝所效仿，影响深远。在经济上，他建立盐铁专卖制度，将煮盐、冶铁及货币铸造权等统统收归中央，一改西汉前期奉行的"无为而治"理念，化"小政府，大社会"为"大政府，小社会"。他选拔人才不拘一格，既重用董仲舒这样的大儒，亦接纳东方朔这样的滑稽人物；既有汲黯这样的诤臣，又有宁成、周阳由、王温舒等酷吏。他在国家意识形态方面推行儒家的思想，可本人却经常搞神神鬼鬼的求仙活动，以致一再受骗，留下诸多笑柄；汉武帝喜欢写诗，饱含感情，很有文艺范儿，但他又穷兵黩武，把几代祖先积累下

的殷实国库快速耗空；他曾亲临黄河瓠子决口，现场指挥抗洪救灾，"令群臣从官，自将军以下皆负薪，卒填决河"，并作《瓠子歌》，很有悲天悯人的亲民风范，可是他又好大喜功，不惜耗费大量的民脂民膏去搞封禅典礼之类的大排场。

汉武帝在位时间长，留下的故事多，功绩大，缺点也不少。围绕着他的是是非非，不同的人有不同的看法。国家主义者认为他雄才大略，是一代英主；自由主义者则认为他是一个好大喜功、刻薄寡恩的专制帝王。即便是公认的史学大家，对汉武帝的评价也难有定论，班固在《汉书》中说他"雄才大略""号令文章，焕焉可述""有三代之风"，如"不改文景之恭俭以济斯民，虽诗书所称何有加焉"，评价甚高。可司马光在《资治通鉴》中则毫不留情地给了汉武帝"差评"，他说："孝武穷奢极欲，繁刑重敛，内侈宫室，外事四夷，信惑神怪，巡游无度，使百姓疲敝，起为盗贼，其所以异于秦始皇者无几矣。"说他的行事作风跟暴虐的秦始皇相差无几。

可以说，在汉武帝身上，几乎集中了帝国体制的所有优点，也几乎暴露了帝国制度的所有弊端。在他的身上，人们既能看到一个大国领导人的赫赫权威，亦能看到一个专制帝王的刻薄残忍；人们能看到一代雄主的英明神武，亦能看到他的利欲熏心。从某种意义上说，汉武帝是一个绝佳的样本，里面暗藏着人性复杂幽深的基因密码。

汉武帝原名刘彘，他幼时记忆力惊人，读古代圣贤帝王的事迹，常常过目不忘，"至七岁，圣彻过人"，汉景帝遂将其改名为"刘彻"。公元前153年，刘彻被封为胶东王。同年，景帝的长子、刘彻的异母长兄刘荣获封为太子。公元前151年，失宠无子的薄皇后被废。公元前150年，刘荣被废掉太子之位，改为临江王。随后，王夫人被立为皇后，刘彻立为太子。公元前141年，汉景帝驾崩，太子刘彻即位。

刘彻即位时只有16岁，他喜欢刺激，爱冒险，常常化名平阳侯，于夜晚出宫游猎。第二天黎明的时候，他带领随从"入南山下，射鹿、豕、狐、兔，驰骛禾稼之地，民皆号呼骂詈"。他们驰骋打猎，践踏了老百姓的庄稼地，招致了怒骂。地方官吏曾想抓捕这伙人，结果他们"示以乘舆物"，拿出了皇帝特有的物件，"乃得免"，才免于被拘捕。汉武帝还曾在夜晚到柏谷（今河南灵宝西南）这个地方住店，结果住进了一家"黑店"。店主"聚少年欲攻之"，想杀人谋财。结果，旅店的老板娘"睹上状貌而异之"，感觉汉武帝的相貌不一般，气质异于常人，就对店老板说："客非常人也，且又有备，不可图也。"意思是这个客人不是普通人，而且他们又有防备，还是不要攻杀他们了。

店老板不听。老板娘就"饮翁以酒，醉而缚之"，把店老板灌醉后绑了起来。如此一来，店老板所召集的同伙才走散。随后，老板娘"杀鸡为食以谢客"，好好地招待了汉武帝及其随从。第二天，汉武帝回到皇宫，召见老板娘，"赐金千斤，拜其夫为羽林郎"，以表谢意。

按说，身为"万乘之尊"的皇帝，理应注重安全，少从事冒险活动，可是汉武帝却爱冒险，要从冒险活动中寻求刺激。他不仅爱打猎，还特别爱猎杀熊和野猪等猛兽，后经司马相如上书劝谏，才有所收敛。

汉武帝精力旺盛，富有想象力，做事不拘常规。他打算进攻西南夷，需要训练出精良的水军，可长安附近并没有湖泊。他命人凿地蓄水，建造"昆明池"，用以训练水军。他母亲在金家生有一女，是他同母异父的姐姐，此事涉及皇太后的婚史，别人都有意隐匿。可汉武帝根本不管这些，亲自寻访到这个姐姐。"乘舆直入此里，通至金氏门外止"，怕姐姐逃走，他还"使武骑围其宅"。金家人没见过这样的阵势，异常惊恐，他的姐姐"亡匿内中床下"，躲藏

**鎏金银竹节铜熏炉**
铜炉系博山炉形式。炉口外侧和圈足外侧刻有铭文，记其原为未央宫物，后归平阳家，应是汉武帝赐给平阳长公主及其丈夫大将军卫青的赏物。

到了床下，结果还是被找了出来。汉武帝见到姐姐后下车哭泣，说："嘻，大姊，何藏之深也！"随后就将姐姐接回皇宫，领着去见老妈，并赐予田宅、奴婢。卫子夫原本就是一歌妓，地位微贱，但汉武帝还是将其立为皇后；李延年的妹妹本来是平民，但因有倾国倾城之貌，汉武帝也照样笑纳。李夫人死后，他还思念不已，作赋曰："秋气潜以凄泪兮，桂枝落而销亡。""是邪，非邪？立而望之，偏何姗姗其来迟！"从这些事可以看出，汉武帝是一个感情非常丰富的人，他不愿意被条条框框所束缚。

# "天人感应"理论的影响

汉武帝刚刚当政之时，他的祖母窦太后尚在，且掌控朝廷。直到公元前135年窦太后去世，汉武帝才得以亲政。亲政之后，汉武帝改变了国家的意识形态，以儒家思想为治国理念。不过，此时的儒家思想已经不是孔孟时期的儒家思想了，而是经过了大儒董仲舒的改造。

董仲舒以孔孟的儒家学说为基础，引用"五行相生相克"的理论，发展出一套以"天人感应"为核心的新儒学思想体系。这套体系有效地将王朝政权的合法性问题安排在了更宏大、更空灵的宇宙秩序之中。董仲舒认为，"道之大原出于天"，自然、人事都受制于天命，因此王朝的政权是不是合法，就看它的统治者能不能正确地理解天命、顺应天命。他说："天令之谓命，命非圣人不行；质朴之谓性，性非教化不成；人欲之谓情，情非度制不节。是故王者上谨于承天意，以顺命也；下务明教化民，以成性也；正法度之宜，别上下之序，以防欲也；修此三者，而大本举矣。"在董仲舒看来，皇帝要不辜负天命，就必须效法圣贤，行"德政""为政而宜于民"，让百姓在你的统治下得到真实利益；否则，天就会降下种种灾异以警示皇帝。如果皇帝执迷不悟，不肯悔改，天就会收回成命，换掉它在人间的代理人，让皇帝失掉政权。

在董仲舒的解释中，皇帝的大权既然来源于上天，那皇帝及其王朝的种种作为就必须符合天道、秉承天意。如果违反了天道、天意，就可能导致天命的更改，天命一更改，你这个王朝就会被新的王朝所取代。从董仲舒的"天人感应"论中可以看出，皇帝和他所代表的政权对天下根本就没有所有权，只有经营管理权，而且这种经营管理权还是暂时的而非永久的。你的管理符合天道，上天就继续授权给你；你的管理不合天意，上天就会收回你的管理权，再授权给别人。这样，董仲舒一方面通过"天人感应"的理论限制了皇帝的权力，另一方面也为帝国的政权合法性提供了一种别开生面的解释。对此，美国历史学家费正清称："认为儒家哲学赢得了汉代的思想家还不如说汉代的学者逐渐将孔子作为他们的理想典范。"

董仲舒的"天人感应"理论在中国历史上影响甚巨，此后的历代王朝，基本上都以这套理论来解释自己的政权合法性问题。

所谓的政权合法性，其实就是对政权来源及权力使用规则的一种社会共识，它并不一定百分之百地精准和科学。在不同的时代，人们对合法性的认知是不一样的。只要当时的人们能普遍接受某种理论，那么这种理论就具有合法性。在帝制时代，董仲舒的"天人感应"理论能在道统与法统之间、天命与皇权之间、皇帝与臣民之间、道义与利害之间找到微妙的平衡，能对无限的皇权加以限制，且能为上至帝王、下到黎民所共同认可，所以它能成为帝制时代有关政权合法性的最佳解释系统。

**董仲舒像**

董仲舒是西汉儒家今文经学大师。专治《春秋》公羊学。曾任博士、江都相和胶西王相。其学以儒家宗法思想为中心，杂以阴阳五行说，把神权、君权、父权、夫权贯串在一起，形成其神学体系。体系的中心是"天人感应"说。

# 轻徭薄赋才是"王道"

一个政治强人去世之后，他对社会的影响并不会马上消除，他会留下一笔巨大的政治遗产。有时是一份烂摊子，有时是一笔财富，但更多的时候是一份好坏夹杂、忧喜互见的乱局、危局。

西汉的历史进程中也遇到过这样的情况，那就是昭宣中兴的时代，即汉昭帝和汉宣帝两朝（公元前87—公元前49年）。汉武帝就是那个留下乱局、危局的政治强人，而昭帝和宣帝就是两个替他收拾残局的人。

汉武帝对外开疆辟土、大肆征伐，对内穷奢极欲、盘剥百姓，几十年搞下来，整个国家户口减半，财政出现了危机，甚至整个王朝都到了崩溃的边缘。到了汉昭帝时期，秉政的霍光不得不调整政策，重新"与民休息"，同时恢复与匈奴的和亲关系。经过一番治理，"百姓充实，四夷宾服"。

汉昭帝年仅21岁就驾崩了，之后，西汉王朝进入了汉宣帝时期。

汉宣帝刘询掌权之后，以"王霸杂用"来治理国家。他继续推行"与民休息"的国策，加大惠民力度，轻徭薄赋，对民众实行儒家的仁政。他针对漕运耗人力、浪费严重的问题，果断减少了一半的漕卒，大省漕运力役。对于遭受自然灾害的地区，汉宣帝则减免租赋，对流民的抚恤力度也是空前之大：凡是回归原籍的流民，由政府分给田地，并给予粮种，供其免费耕种，还在一定的年限内免除租赋。经过多年的劝课农桑、轻徭薄赋，百姓民生得到了相当的保障，社会秩序稳定了下来。这是汉宣帝实行"王道"的一面。

汉宣帝的"霸道"则表现在他整顿吏治方面。汉武帝统治期间连年用兵打仗，到后来就出现了财政枯竭的问题。为了筹集钱财，汉武帝就用卖官鬻爵和输财赎罪等办法来增加财政收入。这样一来，"入物者补官，出货者除罪，选举陵夷，廉耻相冒"，官场被搞得乌烟瘴气，吏治异常混乱。汉宣帝亲政之后，大力整肃吏治。汉宣帝在任命郡守、刺史等地方大员时，往往亲自召见，通过察言观色来了解官员的品行、能力，随后向官员交代任务。官员到任之后，汉宣帝则让有关部门将官员治理地方的情况记录在案，以此作为升降考核的依据。如此一来，汉宣帝一朝的执政就形成了"宽以待民，严以律官"的风气，王霸杂用的治理模式就此形成。经过汉昭帝、汉宣帝两朝的持续治理，西汉王朝又兴盛了起来，史称这一阶段为"昭宣中兴"。

大帝国的治国模式，从秦朝的法家到汉初的道家，再到汉武帝时的外儒内法，最后到汉宣帝时期的王霸杂用，不同的模式之所以要一次次地切换，并非完全出自不同帝王的个人喜好，实乃帝国形势发展之所迫。随着帝国的发展及疆域的不断拓展，其治理任务日益复杂。此种情形之下，单一思想文化下的治理模式都不足以承担治理如此庞大帝国的复杂

**西汉瓦当**

瓦当即筒瓦之头。中国古代建筑物屋顶陶制筒瓦顶端下垂的部分。起保护檐头的作用。多圆形和半圆形。其上多有纹饰和文字，又可作装饰之用。秦汉以后流行圆形瓦当。

使命。大帝国的治理实践，需要多元的思想资源来做文化支撑，而先秦诸子百家的思想又恰恰能为华夏民族提供足够多元、足够博大精深的文化资源。二者相互配合，大帝国的制度才能最终成熟，并得以长久存在。

我们可将"昭宣中兴"看作是对汉武帝时代种种政治弊端的一次大规模"纠错"，亦可在更大的时空范围内将其看成是西汉王朝盛极而衰之际的一次回光返照。因为自此之后，西汉王朝就走上了衰落之路。西汉王朝的衰落期，包括汉元帝、汉成帝、汉哀帝、汉平帝四朝，从公元前49年直到西汉灭亡。

汉朝的宰相原本是很有实权的，全国的政治多以相府为转移。可自霍光秉政之后，他以外戚身份自领尚书，而宰相都用自己的亲信及年老无力之人。自此之后，相权衰微，政令多自宫中。皇帝掌控宫中大权，若皇帝圣明，问题还不大；若遇到荒淫昏聩之君，则皇帝的大权极易为外戚、宦官等皇帝的身边人所窃取。西汉王朝的没落和最终灭亡，即源于外戚擅权。

公元前49年，汉宣帝驾崩，身为太子的刘奭随后即位，是为汉元帝。汉元帝"柔仁好儒"，优柔寡断，朝政受制于宦官弘恭、石显等人，士大夫萧望之、刘向等人遂竭力与宦官势力斗争，但终告失败。汉成帝是一个荒淫好色的皇帝，他宠爱赵飞燕、赵合德姐妹，荒废朝政，遂使大权旁落外戚王氏之家，形成了严重的"外戚擅权"局面。汉哀帝当政时虽想把大权从外戚手中收回，但所用非人，他任用自己的男宠董贤为宰相，致使朝政愈加混乱。汉哀帝驾崩之后，外戚王莽乘机复出，迎立平帝，随后弑平帝而立孺子婴。王莽以"安汉公"的名义先摄政，后篡权，改国号为"新"，西汉王朝就此灭亡。

对于西汉的末世，史学上有"衰于元、成，坏于哀、平"的说法，意思是汉元帝、汉成帝两朝是衰落期，汉哀帝、汉平帝两朝则是败亡期。西汉王朝自汉元帝时期就走上了由盛转衰的道路，及至汉成帝时期，其衰亡之势不可遏止。历史学家吕思勉先生说："汉治陵夷，始于元帝，而其大坏则自成帝。帝之荒淫奢侈，与武帝同，其优柔寡断，则又过于元帝。朝政自此乱，外戚之势自此成，汉事遂不可为矣。"意思很明显，汉成帝刘骜要对西汉王朝的灭亡负极大的责任。

事情可能还得从刘骜的母亲说起。刘骜的母亲叫王政君，原是汉元帝刘奭的皇后，儿子刘骜登基之后，她随之成了皇太后，而汉成帝的舅舅王凤则"为大司马大将军，领尚书事""益封五千户"，外戚王氏的权势由此迅速壮大。

汉成帝曾在公元前27年一口气分封自己的五个舅舅为侯：王谭为平阿侯，王商为成都侯，王立为红阳侯，王根为曲阳侯，王逢时为高平侯。一年就封王氏家族的五个人为侯，世所罕见，所以百姓就将这五人称为"五侯"。与五人封侯相伴的，便是"王氏子弟皆卿、大夫、侍中、诸曹"，全部进入官场，当了大官，他们"分据势官满朝

**冯媛挡熊图（局部）**

冯媛是左将军、光禄勋冯奉世长女，汉元帝刘奭的宠妃，汉平帝刘衍的祖母。建昭元年（公元前38年），汉元帝在虎圈观兽搏斗，妃嫔都在座奉陪。一只熊突然跑出圈外，冯媛挡熊救驾，汉元帝感激惊叹，对冯媛倍加敬重。（明·丁云鹏）

廷"，形成了极大的政治势力。

王凤在发展壮大自己家族势力的同时，还打击异己，排斥忠良，十分嚣张。举一事即可说明王凤嚣张到何等程度。公元前24年，汉成帝打算让刘歆当中常侍，快要下发任命书的时候，皇帝左右的人说："未晓大将军。"皇帝说："此小事，何须关大将军，"这么一件小事，不用跟大将军说了吧，结果，"左右叩头争之"，您还是跟大将军打个招呼吧。

皇帝一看，那就跟大将军打个招呼吧。结果，"凤以为不可，乃止"。王凤认为这个事不行，最后竟然把皇帝的这个决议给否决了。

王凤权倾朝野，"公卿见凤，侧目而视，郡国守

冯媛挡熊图（续）

相、刺吏皆出其门"。王氏家族的权力大到这个程度，怎能不跋扈嚣张，史书载"五侯群弟，争为奢侈，赂遗珍宝，四面而至。后庭姬妾，各数十人，僮奴以千百数，罗钟磬，舞郑女，作倡优，狗马驰逐，大治第室，起土山、渐台、洞门、高廊、阁道，连属弥望"。极尽享乐奢华之能事。

王凤担任大司马大将军长达11年，他临死之前推荐王音代替自己。王音担任大司马大将军8年后去世，接替他的是成都侯王商。王商辅政4年后因病"乞骸骨"，接替他位置的是曲阳侯王根。王根辅政5年，"乞骸骨""荐莽以自代"，推荐王莽代替自己的位置。汉成帝也认为王莽"有忠直节"，遂提拔王莽为大司马。

一年以后，汉成帝驾崩，汉哀帝即位。公元前1年，汉哀帝驾崩（在位6年）。哀帝无子，此时已是太皇太后的王政君遂任侄子王莽为大司马。王莽为便于擅权，立年仅9岁的刘衎当皇帝，是为汉平帝。年仅9岁的皇帝不能亲政，大司马王莽名正言顺地掌控了朝政。公元6年，汉平帝驾崩。此时，大权在握的王莽又征汉宣帝玄孙中年龄最小的刘婴为帝，此时他只有两岁，史称"孺子婴"。两岁的儿童更不能执政，王莽"践祚居摄，如周公傅成王故事"，当上了摄政王。摄政三年之后，王莽干脆废掉了孺子婴，自己另起炉灶，建立了新朝。至此，外戚彻底篡夺了西汉王朝的天下。

# 西汉末年的外戚擅权

西汉王朝自汉武帝"独尊儒术"之后，儒家士人在政治上逐渐得势，他们所抱政治观念逐渐成为汉人主流的意识形态。这套观念的要点如下。

1. 圣人受命。各朝开国之君都是天上某帝某德而降生，如青帝木德、赤帝火德、黄帝土德、白帝金德、黑帝水德，"五德"相生相克。

2. 皇帝承受天命要有符瑞，相当于上天的授权证明，比如土德者当立，就要有黄龙出现。

3. 封禅。圣人承受天命，要通过封禅仪式昭告上天。

4. 王朝德衰，天降灾异。天命五德循环不已，当某一德运衰落之际，上天就降下灾害或异象，以警醒世人。

5. 让贤禅国。灾异频发之后，统治者知道天命已改，就应该及早物色贤人，并适时禅让皇位，以顺应天命。

6. 新王朝"易服色，更制度"，承接新的天命。

当然，汉儒这套"天人感应"理论除神秘之外，也有其理性的一面，那就是儒家一直提倡的"礼乐教化"。他们认为，政治的最大责任就在于通过用"礼乐"来教化百姓，使之过上一种有秩序、有意义的美好生活。要达到此目的，统治者就要恪守道德、克制欲望、恭俭自守，同时还要以有效的手段治理好国家，以确保人民能过上衣食无忧的安定生活。

王莽最后篡夺西汉的天下并进行改制，其政治上借助的是外戚擅权之大势，其文化上所遵循的则是汉儒的上述政治理念。汉室自汉元帝时起，帝王就一直短寿，元帝驾崩时42岁，成帝驾崩时44岁，哀帝驾崩时25岁，平帝驾崩时14岁，这本身就是国运衰落的象征。而王莽本人在篡位之前堪称"道德模范"，他孝敬母亲和寡居的嫂子，对叔伯长辈极其谦恭有礼。伯父王凤病重时，他日夜侍候，衣不解带。王氏家族的弟子奢侈享乐，"以舆马声色佚游相高"，过的都是声色犬马的日子。只有王莽"折节为恭俭"，不但生活俭朴，而且还拜大儒陈参为师，"勤身博学，被服如儒生"。在王氏一群纨绔子弟之中，王莽的表现简直可用"出淤泥而不染"来形容。因此，大司马大将军王凤临终之前，极力向王太后和汉成帝推荐王莽。

**海昏侯墓金饼**

*海昏侯墓亦称"南昌西汉大墓"。西汉废帝刘贺墓。是中国迄今发现的面积最大、保存最好、内涵最丰富的汉代列侯墓葬。*

汉儒一直推崇让贤，而在汉室国运衰微之际，王莽在政治、道德、学术及抱负上又恰好符合当时的"让贤"推荐，所以他最后接受了孺子婴的禅让，做了新朝皇帝也算顺理成章。

# 理想很丰满，现实很骨感——王莽改革

王莽于公元 8 年接受了孺子婴的禅让，称帝，改国号为"新"。

当上新朝皇帝之后，王莽进行了一系列的改革，措施包括土地改革、币制改革、商业改革及官名地名改革等，内容非常庞杂。不过其改革的总体思路具有复古主义和理想主义倾向。比如，他将土地收归国有，称为"王田"，不准私人买卖。这个措施本意是打击西汉末年的土地兼并现象，可是一刀切地执行下去，也给民生造成了诸多不便。若有人恰好缺钱急用，原本还可卖地救急，经王莽改制之后，土地不让卖了，反而一点办法都没有了；另有一些人辛勤劳作，本想赚钱买地置业，王莽将土地一律收归国有后，这些人的梦想也随之破灭了。再比如，王莽下令不得买卖奴婢，这本来含有尊重人权的色彩，可是在当时却也属不合时宜。当时的社会没有充分的社会保障机制，一个人穷得走投无路之际，唯一活命的机会便是卖身为奴。王莽强令不得买卖奴婢，本想救穷人于水火，可实际上等于斩断了穷人最后一条活命的出路。王莽还曾推行货币制度改革，结果也是事与愿违，使经济陷于瘫痪。总而言之，王莽的改革因其食古不化及过度的理想主义而失败了。

王莽改革失败，各地不断爆发农民起义，南方有绿林军，北方有赤眉军。

**新莽·一刀平五千**

金错刀母钱又称一刀平五千，是一种古代货币，于新莽年代制造，主要材料是金属。

公元 23 年，绿林军攻入长安，王莽在混乱中被杀，新朝灭亡。

王莽新朝末年，天下大乱。各路起义之中，既有农民起义，也有汉室后裔领导的起义，还有地方的武装割据势力。经过一番混战，汉室后裔刘秀取得了最终的胜利，于公元 25 年登基称帝，定都洛阳，建立了东汉王朝。

东汉自光武帝登基到 220 年汉献帝禅让为止，共 196 年。一般认为，东汉的国力不如西汉强盛，因其定都洛阳，对西北地区的控制，不如西汉便利。不过，东汉王朝亦创下了治平之世，并有不同于西汉的特点。

与西汉的创建者刘邦相比，东汉的创建者刘秀显然更有文化，他在王莽当政时曾是太学生，在都城长安学《尚书》，亲近儒学。东汉一朝的开国功臣，也多有儒生背景，如邓禹是光武帝刘秀的同学，寇恂、冯异、马援、贾复、祭遵、耿弇也都好学，是"通儒"。因此，东汉王朝自建立之日起就可说是一个文质彬彬的士族政权。

创建东汉之后，光武帝刘秀"退功臣，进文吏""严以察吏，宽以驭民"，统治期间政治清明。公元 57 年，光武帝驾崩，太子刘庄立，是为汉明帝。明帝深受儒学熏陶，治国有方，在他统治期间东汉王朝开疆辟土。班超于公元 73 年奉命出使西域，通过高超的外交手段控制了丝绸之路。在北方，汉明帝派窦固与耿秉率军深入草原，攻击匈奴，夺取了吐鲁番绿洲。明帝于公元 75 年驾崩，儿子章帝登基。汉章帝同样好儒术，为政宽仁，但由于放纵外戚，埋下了和帝时期外戚擅权的种子。汉章帝于公元 88 年驾崩，其子刘肇即位，是为汉和帝。和帝亲政之后，诛灭窦氏外戚，彻底击溃了匈奴，重新设置了西域都护。此时，东汉的国力达到最强，史称"永元之隆"。

凡事盛极而衰，汉和帝之后，东汉迅速走向了衰落。

导致东汉衰落的原因很多，但最重要的是外戚专权和宦官干政。东汉的外戚之祸，起于汉章帝。汉章帝的皇后窦氏没生儿子，宋贵人生子刘庆，立为太子。梁贵人生子刘肇，被窦皇后收养为子，窦皇后诬陷并杀害了宋贵人，将太子刘庆废为清河王，而立刘肇为太子。汉章帝驾崩后，年仅10岁的刘肇即位，是为汉和帝。和帝年幼，不能亲政，窦太后遂临朝称制。窦太后倚仗亲族，重用其兄窦宪，外戚专权的局面就此形成。

汉和帝亲政之后，为了把大权从外戚手中夺回，就联合宦官郑众，与其一同谋划，诛杀了窦宪及其党羽。

**新莽·货布**

西汉末年王莽时货币名。"天凤元年……罢大小钱，改作货布。长二寸五分，广一寸，首长八分有奇，广八分。其圜好径二分半，足枝长八分，间广二分。其文右曰'货'，左曰'布'。重二十五铢，直货泉二十五。"

汉和帝短寿，年仅27岁就驾崩了。和帝驾崩后，他出生仅百日的儿子刘隆被立为皇帝，是为汉殇帝。汉殇帝时，邓太后临朝听政，太后的兄长邓骘遂乘势崛起，外戚势力再次控制了朝政。汉殇帝在位一年即夭折，邓太后迎立清河王的儿子刘祜为帝王，是为汉安帝。

汉安帝时，东汉王朝已是内忧外患，他统治前期，邓太后临朝称制15年。邓太后去世后，汉安帝又重用阎皇后的哥哥阎显，并宠信宦官，朝政极为紊乱。阎皇后无子，后宫李氏生子刘保，立为太子。后李氏为阎皇后所害，刘保亦被废掉太子之位。

汉安帝亦短寿，驾崩时只有 32 岁。阎皇后迎立汉章帝之孙北乡侯刘懿为帝，但刘懿称帝 200 多天即因病去世。此时宦官势力开始登场，他们消灭了外戚阎氏，拥立刘保，是为汉顺帝。汉顺帝的皇位是靠宦官支持得来，他登基后遂重用宦官，有拥立之功的 19 个宦官均被封侯。

此外，汉顺帝还重用皇后的父亲梁商，导致外戚梁氏专权长达 20 多年。梁商死后，他的儿子梁冀继续掌握朝政大权，此时外戚的权势达到了巅峰。梁冀一门，"前后七侯，三皇后，六贵人，二大将军，尚公主者三人，其余列卿、将、校者五十七人"。梁冀秉政近 20 年，飞扬跋扈，汉冲帝、汉质帝均被他牢牢控制，汉质帝因童言无忌而被他毒杀。

159 年，汉桓帝联合宦官诛灭了梁氏。外戚梁氏被诛后，朝政大权又转移到宦官之手，帮助汉桓帝谋杀梁氏的五个宦官皆被封侯，称为"五侯"。宦官势力从此大涨，而宦官之腐败比外戚有过之而无不及。朝中官员与太学生联合起来反对宦官擅权，结果反遭宦官迫害，是为东汉历史上有名的"党锢之祸"。经过两次"党锢之祸"的打压，正直的士大夫被排斥出东汉的朝堂，东汉王朝自此江河日下，濒于灭亡。

168 年，汉桓帝逝世，汉灵帝即位。任用党人，任宦官横行，百姓民不聊生。184 年，黄巾起义爆发。此时，腐朽的东汉朝廷根本无力平叛，遂下令各州郡自行募兵守备。黄巾起义后来虽被镇压了下去，但在此过程中，地方州郡长官开始拥兵自重，军阀割据的局面形成了。

189 年，汉灵帝去世，汉少帝刘辩即位，外戚何进官拜大将军，掌控朝廷。他立志铲除宦官势力，但遭到何太后的反对。士大夫领袖袁绍提出建议，让西北军董卓进京，逼迫何太后答应。何进同意了袁绍的建议。然而事情泄露，宦官先下手为强，杀死何进。当时正在西园军的袁绍闻讯，立即率军攻入皇宫，屠杀了宦官，京城大乱。西北军阀董卓乘乱拥兵入京，控制了整个中央政府。董卓同时清洗了宦官和外戚，还废掉了汉少帝刘辩，立陈留王刘协为皇帝，即汉献帝。

董卓在京城烧杀抢掠，招致山东州郡各路诸侯的联合讨伐。讨伐董卓的各路军阀虽组成了盟军，但他们貌合神离，不久便发生了内讧。而董卓则挟持汉献帝迁都许昌，临走之前，焚烧了洛阳，东汉都城就此毁于一旦。

各地的军阀为增强自己的实力，纷纷互相攻伐，中央王朝的威望荡然无存。当时主要的地方割据势力有冀州袁绍、兖州曹操、幽州公孙瓒、扬州袁术、荆州刘表、益州刘焉、汉中张鲁、凉州马腾、韩遂等。

192年，大臣司徒王允巧施连环计，唆使吕布谋杀了董卓。但不久，董卓的部将李傕、郭汜又杀回来替董卓报仇，王允被杀，吕布出逃，东汉朝廷再度失控。195年，李傕和郭汜发生内斗，汉献帝刘协和群臣逃回了已是一片废墟的洛阳。

一年后，曹操迎汉献帝到许昌，从此曹操"挟天子以令诸侯"，逐渐掌握朝廷权力。曹操有雄才大略，在诸侯混战中壮大起来，击败袁绍、袁术、吕布等，统一了北方。

在曹操经营北方的同时，孙策、孙权兄弟在长江下游地区崛起，建立了自己的基业，而刘备也夺取了益州，三国鼎立的局面由此形成。220年，汉献帝将皇位禅让给曹操的儿子曹丕，曹丕改国号为"魏"，东汉王朝灭亡。随后，221年，刘备也称帝于蜀。229年，孙权称帝于吴。至此，天下成魏、蜀、吴三分之局，历史进入了三国时代。

东汉较西汉更重视儒学，光武帝、汉明帝、汉章帝等几代帝王均倡导儒学。公元 59 年，汉明帝刘庄在太学亲自讲学，儒者提问疑难，制造了万人空巷的盛举。随着儒学的兴盛，士人阶层在政治上的影响也越来越大。在古代社会，读书的机会不易获得。别的不说，单是书籍就异常珍贵。因当时尚无印刷术，竹帛书籍必赖传抄，所耗人力物力甚巨，非普通人家所能拥有。此等情形之下，学术文化的传授往往限定在士人家族之中，这就造成了当时所谓的"累世经学"。当时的"经学"又是入仕做官的必要条件，因此"累世经学"又会造成"累世公卿"，即一个世代读书之家很容易成为一个世代做官之家。

另外，汉代的人才选拔实行察举制度，一个人做了地方官，不唯有较高的官俸，而且还有权向朝廷察举"孝廉"。如此一来，如果一个人官至郡守，一郡之下的"孝廉"都经他"察举"，被察举者对举荐者心怀感恩，成为其门生故吏便是顺理成章之事。日后，这些"孝廉"在政治上得志，也往往"察举"自己恩人的后人。由此，"察举"过他人的人，其子孙也极易被"察举"。这样一来，一个地方的"察举"名额就永远落在了几个大家族之中，而这几个大家族便是当地的名门望族。东汉时期的每个郡都有几个这样的名门望族，由此也就造成了门第现象和门第观念。

东汉门第的形成，实质上是一种学术与权力的媾和。几个名门望族长期把持一个地方的学术文化资源和权力资源，屡屡由"世代经学"而至"世代公卿"，这虽不是赤裸裸的权力世袭，但也俨然造就一种贵族阶层。这样的门第势力，在王朝政治清明之际，自可协助朝廷稳定地方秩序，可在王朝衰落及解体之时，也容易转化为地方割据力量。东汉末年的袁绍家族就是比较典型的例子。

## 王朝的常见病有哪些

　　从某种意义上讲，东汉可算是西汉宗室复辟的产物。两汉王朝在制度层面有很多一致性：二者均以农业经济维系着同样制度的帝国体系，权力高度集中在皇帝手中，代替皇帝管理地方的是一个等级森严的官僚系统，普通人进入官场的方式依赖察举制度。两汉在国家意识形态方面也高度一致，都尊奉儒家思想，信奉大体一致的天命观。甚至，两个王朝的寿命都很接近，均为200年左右（西汉略多，东汉略少）。导致两个王朝灭亡的原因中均有政治腐败、外戚擅权、土地兼并严重、农民起义等常见的因素。这些现象在以后王朝的末期一再出现，似乎成了每个王朝末期的"常见病"。确实，人们从两汉王朝的盛衰中大体可总结出中国王朝的周期律。对此，美国历史学家费正清先生说："事实上，中央行政机构就是其本身最坏的敌人，皇帝给自己的亲属、亲信、显赫的将军及行政官员大量可永久使用的土地和农民作为赏赐，高级官员们欲壑难填，再以同样的方式使自己及其亲属获利。"

　　我们可以从人才发现机制来考察帝国盛衰的规律。一般而言，一个王朝开国之际，明君贤臣风云际会，仿佛遍地是人才，可是待到王朝末期，堂堂庙堂之上，竟然很难发现出类拔萃的人才。难道天地生人才，会在不同的时期有不同的分布吗？显然不是。其根本原因就在于，中国各王朝的统治阶层都是一个封闭的权力系统。在开国之初，君王要在"打天下"的过程中经历残酷的筛选，昏聩之辈根本没能力夺得皇位，凡夺得天下者必有过人的本事。对功臣来说，他们多成长于乱世，来自四方，成分复杂，同样要经过战争的筛选与历练。这种明君贤臣的合作模式，可看作是一个实力强大的创业团队，其进取精神和应变能力绝对强大。

**马超龙雀**

原称"马踏飞燕"，亦称"铜奔马"。东汉时期青铜雕塑。经考证，飞燕乃是古代传说中的"龙雀"，为一种神鸟。马乃是神马，即"天马"。

可是，开国之君打下天下之后，即把王朝视为自家基业，皇室集团遂成一个狭小封闭的圈子。王朝的未来之君必出自这个狭小的人才库，如此一来，几代之后出现昏聩之君也就实属必然。功臣子弟得祖上荫庇，享有超乎寻常的财富与特权，其成为纨绔子弟的概率也大大增加。如此，二代、三代之后，最多四代、五代之后，王朝的统治阶层必定腐朽堕落，而此时，聚集在皇权周围的外戚、宦官、宠臣等则恰好趁机弄权自肥。至此，朝纲紊乱、贪腐盛行遂不可遏制，王朝也由此失去了民心。民心一失，王朝没有了凝聚力，势必崩溃、解体。

# 乱世出英雄

东汉王朝灭亡之后，中国进入了一个长期战乱的时代。这个漫长的乱世又分为三国、两晋、南北朝三个阶段。魏、蜀、吴三国之间彼此争斗的故事广为人知，罗贯中创作的小说《三国演义》就是根据这段历史改编而成。为了引人入胜，小说固然要加入许多夸张的铺排和描写，但总体轮廓还是不差的。那确实是一个乱世，同时也是一个英雄辈出的时代。魏、蜀、吴三个国家的第一代开创者及其麾下的将相个个都是英雄人物，他们历尽艰难，开创了基业，可惜的

**关羽擒将图**
此图画的是《三国演义》中关羽水淹七军、生擒庞德的故事。(明·商喜)

是，这份基业并没有得到很好的继承，原因很简单，当创建帝业的第一代英雄死去之后，他们的二代几乎全是败家子。俗话说"扶不起来的阿斗"，说的就是刘备的儿子刘禅不能守

住父亲创下的基业。263年，蜀汉政权在刘禅统治时期被魏国灭掉。

不过，此时魏国的曹氏家族也已经衰败了。就像当年曹操控制汉献帝一样，司马懿后来操纵了曹魏政权。他的儿子司马昭随后彻底掌控了魏国的全部政权。在吞并蜀汉政权的两年后，即265年，司马昭之子司马炎彻底篡夺了魏国政权，成立了晋（俗称西晋），是为晋武帝。

西晋于280年灭掉了吴国，完成了统一大业。然而，西晋也很快衰败了。晋武帝死后不到两年，晋王室就发生了"八王之乱"的严重内斗。

就在西晋王朝日益衰落之际，匈奴人开始大举入侵中原。311年，刘聪领匈奴军队攻占了西晋的都城洛阳，俘获晋怀帝。西晋只得在长安拥立晋愍帝，勉强延续西晋政权。但这种情况也仅仅维持了五年。316年，刘曜率领匈奴军攻破长安，晋愍帝献城投降，西晋结束。

晋王室丢掉北方之后南渡，于317年在建康（南京）建立了东晋。自此，中国分为南、北两部。南方的东晋政权延续了103年，之后是宋、齐、梁、陈四个更为短命的王朝，一共经历了近170年，是为南朝。中国的北方则为"五胡"政权交替控制，即由匈奴、鲜卑、

**金谷园图**

图为西晋首富石崇家举办的雅集。（清·华嵒）

氏、羌、羯五个少数民族建立了十六个政权，这也就是人们常说的"五胡十六国"。这些少数民族在中国北方建立政权，一方面与汉人势力相对抗，另一方面也与汉人合作，无论是相互对抗还是相互合作，都极大地促进了民族融合。因此，"胡人汉化"和"汉人胡化"也就成了这一阶段最重要的时代主题。

"胡人汉化"最典型的例子当属北魏孝文帝所进行的改革。北魏孝文帝主动解散鲜卑族的部落，改族群为乡里，并让鲜卑族使用汉字，改姓汉姓。这种全面汉化的政策无疑大大加速了鲜卑族的汉化过程。

另外，中原地区的汉人也在与胡人打交道的过程中学习了胡人的文化，在潜移默化中接受了胡人的习俗。比如，一向席地而坐的汉人在这一时期开始使用"胡床"——胡人发明的高足座椅。随着高足家具的流行，汉人逐渐放弃了席地而坐的习惯。此外，胡人的服装、音乐、舞蹈等文化也为汉人所接纳、效仿，胡笳、羌笛、琵琶等胡人乐器从漠北和西域传入中原，使中国的音乐更加丰富；胡人擅长的牲畜饲养技术传到了中原，胡人制作的毛毡、奶酪、酥油、胡饼等也为汉人所喜欢，胡汉互化结出了累累硕果。秦汉以来所建立的大帝国体系经过此番融合、重组之后，增添了不少外来基因。中国地区的人类组织，包括国家生态、地缘族群及文化成分等由此变得更多元、更复杂。可以说，经过这一阶段的"胡人汉化"和"汉人胡化"，事实上形成了东亚地区的民族大融合和文化大融合。

**西晋·谷仓罐**

*亦称"魂魄瓶""魂瓶"。中国古代明器。多系青瓷器。器形作平口罐或五孔罐状。其上堆塑楼阙、人物、佛像、鸟兽等，有的上面有纪年文字，是一种与宗教迷信有关的随葬器物。大多发现于中国南方的六朝初期墓里。*

还有一点也值得一说。佛教在魏晋南北朝时期迅速发展壮大。这一时期，无论是北方的胡人政权还是南方的汉人政权，均对来自异国的佛教持特殊的好感。原因就在于，越是在动荡不安的年代，人们越是需要来自宗教的精神慰藉。佛教自东汉永平年间传入中国，经过一段时间的传播，这时恰好能承担这种功能。自此之后，佛教深深地嵌入了中国文化之中，成为"儒、释、道"三种核心思想中的一支。

就治乱而言，三国两晋南北朝时期无疑是一段长达三百多年的乱世，在这个乱世之中，百姓饱受战乱之苦。可若就国家形态的重组和再造而言，此一时期又是民族大融合与文化大升级的必经阶段。

大家一起来学汉文化

北魏是鲜卑族建立的一个王朝，它的创建者是拓跋珪。

前秦统一中国北方时，鲜卑族也为前秦所统治。383年，前秦皇帝苻坚亲率大军讨伐东晋，结果在淝水被东晋打败。淝水之战惨败后，前秦在北方的统治随之瓦解，拓跋珪趁机复国，改国号为魏，称皇帝，史称北魏。经几代人的持续努力，北魏于439年统一了北方。

北魏的历代君主都重视学习汉文化，等到了北魏孝文帝拓跋宏统治时，他更是启动了全盘汉化的改革措施，史称孝文帝改革。

鲜卑人原本没有文字，更不会读书写字。他们的官员也没有薪俸，如果想要什么东西就向治下的百姓索要或者抢夺。这样的民族，在汉人眼里简直就是没文化、没教养，是彻彻底底的野蛮人。正因如此，北魏王朝的民族矛盾一直比较尖锐，汉人不断起来反抗鲜卑人的残酷压迫。

北魏孝文帝对自己鲜卑族的政治形态和文化生活也深感不满，觉得鲜卑人一定要学习汉人先进的政治制度和文化习俗。为了让鲜卑人学习汉人的文化，模仿汉人的生活方式，孝文帝下令将北魏的都城从平城（今山西大同东北）迁到洛阳，因为洛阳是汉地，汉人多，汉文化发达，鲜卑人模仿起来更容易。

可是，大部分鲜卑贵族不愿意迁都，对孝文帝全盘汉化的改革也不太认可，所以他们起来反对。为了让自己的改革措施能很好地推行下去，孝文帝心生一计，他下令全军南下出征。鲜卑贵族敢于反对迁都，但总不能反对南征吧？于是，鲜卑大军就离开平城一路南下，等走到洛阳时，恰好下起了倾盆大雨，道路泥泞不堪。这时，鲜卑贵族请求停止南征。孝文帝趁机跟鲜卑贵族讨价还价：如果你们不愿意继续南征，那么就得同意迁都洛阳。鲜卑贵族实在不愿意继续南征，只得同意迁都洛阳。

为了缓和鲜卑贵族不愿意离开故土的情绪，孝文帝特许他们"冬则居南，夏便居北"，允许他们冬天住在洛阳，夏天回到平城。这在当时算是一种过渡的方式，孝文帝通过南迁实现鲜卑族汉化的改革目标一直没变。他后来规定，迁居洛阳的鲜卑人死后一律葬在洛阳，不得归葬塞北。

迁都洛阳之后，孝文帝又开始规定，鲜卑人一律穿汉服、说汉语、改汉姓，他自己就把"拓跋"这个鲜卑姓氏改为"元"。此外，"独孤"改姓"刘"，"丘穆陵"改姓"穆"，"步六孤"改姓"陆"，"贺赖"改姓"贺"，"贺楼"改姓"楼"。孝文帝还鼓励鲜卑人与汉人通婚，孝文帝自己带头迎娶崔、卢、王、郑、李等汉人士族之女入宫，并强令六个兄弟也都聘娶了汉人士族之女为正妃。鲜卑人与汉人通婚之后，入居中原的鲜卑人很快就与汉族融

**南北朝·飞马纹鎏金铜带饰**

古代铜器装饰雕刻。鲜卑族遗物。

合了。

此外，孝文帝还恢复了孔子的"素王"地位，通过提高尊孔、祭孔的规格来笼络大批汉族士人。在政治制度方面，孝文帝也学习汉人文化，颁布官吏官俸制度，还颁布均田令，实行租庸调制。

孝文帝的这些全面汉化的改革措施，使胡人政权在政治、文化、习俗等各方面被中原文明所同化，消解了原本存在的民族矛盾。原本鲜卑人与汉人之间的差别迅速消失，取而代之的是士人与庶人之间的差别。这表明孝文帝的改革意在突破民族和种族的阻碍，建立一个更具有公共性的国家。

# "门当户对"的朝代：东晋和南朝

在东汉一章中我们提到了门第现象。东汉时期的门第观念不断发展，造成了魏晋时期的世族高门；魏晋时期的世族高门发展到南朝，则演变成了门阀政治。

西晋灭亡的时候，晋王室"永嘉南渡"，在江南建立东晋王朝，其所依托的就是门阀士族的力量。以东晋第一高门琅琊王氏为例，整个东晋王朝，主要就是凭借王家和谢家两个大贵族势力的支撑才建立起来的。王导、王敦、王旷等是最早一批推举司马睿当皇帝的人。东晋王朝建立之后，朝廷最依仗的便是王导、王敦兄弟，王导执政在内，王敦统兵在外，王氏权倾朝野。王旷有个儿子叫王羲之，是著名的书法家，而王导和王敦则是王羲之的伯父。可以说，大书法家王羲之的父辈就是东晋王朝的开国元勋。王氏家族的地位异常显赫，当时便有"王与马，共天下"的说法，意思是东晋王朝是由皇室司马氏与琅琊王氏共同治理的。琅琊王氏之外，颍川庾氏、陈郡谢氏、谯国桓氏、太原王氏等在东晋的权力格局中也有举足轻重的分量。

门阀政治是讲究门第阀阅的贵族政治。所谓门阀有"门"和"阀"两层意思，门指门第，即必须是出身于贵族的人才有资格做高官；"阀"则代表"阀阅"，即便是同属贵族出身的人，还要看门第等级的高低，门第等级高的人当然要比门第等级低的人享受更多的特权。

**归去来辞卷（局部）**

陶渊明的田园生涯。陶渊明是东晋诗人。一名潜，字元亮。曾任江州祭酒、镇军参军、彭泽令等，后去职归隐，绝意仕途。散文《桃花源记》，辞赋《归去来辞》《闲情赋》都很有名。有《陶渊明集》。

门第现象在东汉时期是由"累世经学"而至"累世公卿"，那时还是先有学问修养而后才做高官。可是，到了东晋和南朝时期，只要是出生于名门望族，那就一定可以稳稳当当地做高官，根本不需要"经学"之类的做陪衬了。因此，我们可说，东晋和南朝时期的门阀政治实质上是一种贵族政治，但其贵族既不是上古时期的氏族贵族，也不同于欧洲中世纪的领主贵族，而是地方名门出身的贵族。这种贵族政治是由汉人官僚经过多次蜕变而成长起来的一种家族势力，即某一家族在某地累世为官，成了当地的名门望族。这些家族成员的政治特权和经济特权实质上并不来自皇帝的封赏或任命，而几乎完全来自他高贵的家族。此等情形之下，东晋和南朝的高官重臣，他们所极力维护的也自然是自己家族的利益，而非他所供职的王朝。

门阀政治有很大的弊病，其表现是，士族高门的子弟只要凭借着显赫的家世就能稳稳当当地做高官，而不必依靠真才实学。因为不需要依靠真才实学就可以做高官，所以贵族子弟也就丧失了进取心，他们整日沉湎于清闲、放荡的生活，而不关心政治，也拒绝担任繁杂而辛苦的工作。这种情形养成了高级贵族在王朝更迭的斗争中畏缩不

归去来辞卷（续）

前、明哲保身的习性，这些贵族平日虽为朝廷重臣，可实际上却没有为国家分忧的担当意识。

南朝时期政权更迭频繁，但是朝廷重臣中却没有殉节的人。当时的每个贵族都把自己的家族、门第看得更重要，无论怎样改朝换代，高门大族依然是高门大族，它与皇帝和官位没有关系，因此任何时候都不会考虑为皇帝和王朝殉节。这种将家族置于国家之上的门阀政治，最终也是导致东晋王朝走向没落的关键因素。

高门大族的子弟长期纵情声色，对外面事物一无所知。后人描述他们的生活是："处庙堂之下，不知有战阵之急；保俸禄之资，不知有耕稼之苦；肆吏民之上，不知有劳役之勤。"他们"出则车舆，入则扶持"，一刻也离不开别人的伺候。有些人玩物丧志，连士大夫阶层所必须掌握的文化知识也完全荒废了，成了徒有高位的文盲。

为了维护自己家族的特权，高门大族不仅把持官场，不让寒门庶族插足，而且在婚姻上也有严格的限制。高门大族只能和高门大族通婚，如果和庶族通婚，则被视为"婚宦失类"，即所谓的"门不当户不对"。因此，高门大族都非常重视家谱，讲究郡望，由此家谱学成了当时的一门新兴的"显学"。名门望族的谱牒会被官府收藏，作为任命官员的重要依据。可见当时的门阀政治腐朽到了何等地步。

门第精神在两晋维持了二百多年的历史，他们虽然不能勠力政治治理，但尚能维持家教门风，这家教门风的来源则是东汉时期的儒家礼法。可是到了南朝之时，南朝君臣均是在高门大族的家庭中长大，他们只是稍微熏陶了一些名士做派，而没有学到名士的家教门风，所以，南朝时连魏晋风度都没有了，原有的贵族之气被放纵胡闹所取代。门阀政治发展到这等地步，剩下的也就只有衰落一途了。

门阀政治的颓势最先体现在军事领域。高门大族的子弟耽于享乐，担任不了武职，带兵的武职便只好让庶人出身的人来担任，而庶人借着武职，不断靠军功升迁，跻身政权高层，有的甚至夺取政权，自己当上了皇帝。南朝的四个开国皇帝，除梁武帝萧衍外，其余三位（宋武帝刘裕、齐高帝萧道成、陈武帝陈霸先）都出身庶族。先统兵，然后夺取了政权。这些庶族出身的皇帝当然看不惯高门大族纨绔子弟的享乐做派。他们虽不能在政策上放弃门阀政治，但他们却可以通过提拔有本事的庶族人才来辅佐自己。如此一来，高门大族的子弟虽仍可享受高官厚禄，但政治上的重要性却在一点点降低。尤其是陈霸先以寒微之身跃起称帝，一时从龙之士，皆出南土，于是，北方贵族之势力极大削弱。

王朝致命的一击来自侯景之乱。羯族将领侯景在梁武帝晚年发动叛乱，带兵攻陷了梁朝的都城建康（今南京），经过侯景的军队一番烧杀抢掠之后，繁华的建康城毁于一旦。昔日在建康城中过惯了锦衣玉食的高门大族"肤脆骨柔，不堪行步，体羸气弱，不耐寒暑，坐死仓猝者，往往而然"。他们大部分在兵乱中死掉，侥幸逃走的，也再不能过上从前的贵族生活了。经此战乱的巨大打击后，梁武帝的子孙们分别投靠西魏、北齐，引异族相助，引发骨肉相残的悲剧。

梁朝灭亡后，陈霸先趁乱建立了陈，这也是南朝时期最后的一个政权。陈所能控制的地盘，仅仅限于江陵以东、长江以南的狭小区域，已呈苟延残喘之势。至589年，陈为隋所灭，天下重新归于统一。

# 第三辑

## 隋唐

# ❧ "二世而亡" 的王朝

　　"天下大势，分久必合，合久必分。"这句话可以说是对中国历史的一种事实性的评说。中国历史在夏商周三个统一王朝之后，经历了春秋战国四五百年的分裂时期。之后秦统一了天下。中国历史经过了第一次"分久必合，合久必分"的阶段。在经历了秦、西汉、东汉三个统一的王朝之后，中国历史又进入了三国两晋南北朝的长期分裂。这段长期的分裂最后也要统一，完成这一统一任务的是隋朝。581 年，杨坚篡夺了北周政权，建立了隋朝。

　　杨坚原本是北周的军事贵族，他的父亲杨忠是北周的重臣，杨坚本人具有汉族和鲜卑族的混合血统，身上兼具胡人与汉人的双重色彩。这样的家世和身份，使他所建立的隋朝具有与先前的汉帝国截然不同的特质。经过民族大融合和多元文化的重组再造，众多游牧民族已经基本融入中华文明的体系之中，民族矛盾和民族冲突大大降低，所谓的"华夷之辨"已经不再是此时最主要的时代课题了。随着门阀政治的衰落，原来弥漫在社会上的贵族精神也逐渐被追求平等、务实进取的新精神所替代。隋文帝杨坚顺应了这种时代潮流，他的隋朝既是在民族大融合的基础上创建的，同时也更保护民族间的融合。隋朝是在门阀政治废墟上建立起来的，因此也就更具有平民意识和公正精神。故而，我们可说隋朝比此前的南北朝更具有公共性和包容性。

在某种意义上讲，杨坚创立的隋朝很像秦始皇创立的秦朝。这两个朝代都结束了长期分裂的局面，这两个王朝也都比较短命，都是"二世而亡"，但他们所创建的许多制度都对后世产生了深远的影响。秦朝的制度深刻地影响了西汉和东汉，而隋朝创建的各种政治制度，也深刻地影响了后来的唐、宋、元、明、清各朝。

隋朝在政治上的创举是著名的三省六部制。隋朝的中央政府设立内史省、门下省和尚书省三个省。内史省是决策机构，门下省是审议机构，尚书省是行政机构。凡是国家的大政方针，先由内史省研究，做出决定，再由门下省审核，审核通过后交尚书省负责执行。如中书省做出的决策有失误，门下省有权驳回。尚书省下设六部，也就是吏部、度支（后改民部）、礼部、兵部、都官（后改刑部）、工部六个部门，吏部负责官员的铨选，民部掌管钱粮、户口，礼部掌管礼仪和文化教育，兵部负责军事国防，刑部掌管司法，工部负责工程营建。六个部门分工明确，统管全国政治、经济、文化、军事等各个方面的事务。这种三省六部制经过唐朝的改进，一直为后世所沿用，实在是一个了不起的创造。

为了打击门阀政治，废除地方长官推举本地士人担任官员的陋习，隋朝创建了更为公平的考试制度——科举制。隋朝初年就明确规定，凡九品以上的地方官员一律要由吏部进行考核，通过考核之后才可以做官。以后又规定，州县官吏

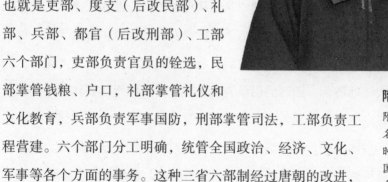

**隋文帝像**

隋文帝即杨坚。小名那罗延。北周时，袭父忠爵为隋国公。女为周宣帝皇后。静帝年幼即位，他任丞相，总揽朝政，先后平定尉迟迥、司马消难、王谦等起兵，进封隋王。大定元年（581年）废静帝自立，建立隋朝。

三年一换，不得连任，也不许本地人担任本地官吏。这样就把选拔、任用官员的权力集中到了中央，彻底改变了长期以来士族大户控制地方政权的局面。

科举制更大的进步意义在于，它以公平的考试成绩来选拔人才，而不是看门第的高低和家世的好坏。科举制度是世界上最早的文官考试制度，它创建于隋，一直沿用到了清朝，直到1905年才废除，在中国历史上整整存在了近1300年。隋之后的王朝大多能保持长期的稳定，与科举制这种比较公平的人才选拔制度关系极大。通过参加科举考试，平民子弟也可以出任官员，参与政治，加入管理国家的行列，这不仅有利于更广泛地选拔人才，而且扩大了帝制王朝的统治基础。

隋文帝杨坚在位期间，在军事上攻灭陈国，成功地统一了分裂数百年的中国，随后又击败突厥，赢得了"圣人可汗"的尊贵称号。随着军事上的不断胜利，隋朝的疆域也空前辽阔，其治理下的人口有4 600多万，堪称国富民强。可惜的是，这种大好的开局最终毁在了他的接班人隋炀帝的手中。

隋炀帝杨广是一位野心勃勃而又急功近利的人，他大兴土木，在各地建了许多豪华的大宫殿，并搜罗数不尽的美女和珠宝以供自己享乐。他还下令开凿了大运河，大运河修成之后，他就带着嫔妃百官坐着大龙船，浩浩荡荡地去江南游玩。随行的船就有几千艘，沿河两岸还要建几十座豪华的宫殿以供皇帝休息、享乐。像很多好大喜功的君王一样，隋炀帝喜欢盛大的排场，贪图享乐。为了满足自己穷奢极欲的生活，他不顾民力，役使上百万的百姓修建大工程，他大肆搜刮民脂民膏，苛捐杂税层出不穷。

隋炀帝还喜欢炫耀武力，他下令远征高丽，结果三次征伐高丽的军事行动均宣告失败；隋炀帝还曾发动讨伐突厥的战争，结果也失败了。连续的大兴土木和无休止的对外用兵，耗光了国家的财力，更让百姓怨声载道。611年，王薄率领忍无可忍的民众在今天的山东邹平起义，隋末民变开始爆发。随后，刘霸道、孙安祖、张金称、窦建德等纷纷率领农民起义。两年后，农民起义发展到全国范围，给隋朝统治者以沉重的打击。李密、窦建德、杜伏威、林士弘等人率领的农民起义军屡次击败隋朝军队。隋炀帝杨广试图迅速镇压农民起义，但没有成功。

也许是出于"眼不见心不烦"的心理，隋炀帝于616年离开东都洛阳，去了江都（今江苏扬州），抓住最后的机会进行享乐。此时的隋朝已经陷入了分崩离析、天下大乱的状态之中。

隋炀帝在江都却越发荒淫昏乱，他命王世充挑选江淮美女充实后宫，每日酒色取乐。他也预感末日将至，曾对镜自照，对萧皇后说："好头颈，谁当斫之？"意思是，谁会砍掉我的脑袋呢？隋炀帝的感慨很快就有了答案。618年，卫兵在宇文化及的率领下发动了兵变，缢死隋炀帝，同年，李渊迫使隋恭帝杨侑（杨广之孙）禅位，隋朝灭亡。

隋朝从581年建立，到618年灭亡，只有短短的38个年头，是一个十足的短命王朝。可是这个王朝统一了中国，结束了长期分裂的形态，形成了共同的文化意识，并消灭了过时的制度，创造了一个中央集权帝国的结构。这些了不起的成就，为后来唐朝的兴盛提供了制度基础和文化保障。可以说，隋朝之于唐朝的意义，恰如秦朝之于汉朝，后一王朝充分继承了前朝的政治成果，并极力汲取前朝短命的教训，因此才有了中国历史上的汉唐盛世。正如我们研究汉朝的成功不得不看到秦朝的贡献一样，我们以后在谈到唐朝的各方面的伟大成就时，也有隋朝在正反两个方面的贡献。

**沟通南北的大运河**

隋朝修建大运河是有历史原因的。隋文帝杨坚以汉朝古都长安为首都，重建大兴城。但由于隋朝疆域广大，仅以大兴城来控制新统一帝国实有力不从心之感。584年，杨坚就曾命宇文恺率众开漕渠，自大兴城西北引渭水，循汉代漕渠故道而东，至潼关入黄河，长150多千米，初名广通渠，后改名永通渠。

隋炀帝即位之后，马上营建东都洛阳，同时下令开凿大运河。他这么做，不只是为了个人享乐，而是有巩固大一统局面的雄心在其中。中国历史发展到隋朝，南北方的政治、经济、文化已经日益融为一体，南北之间的经济交流和人员流动越来越频繁。此时修建沟通南北水道的大运河，已成为社会经济交流的一种需要了。隋炀帝在下令开凿大运河的诏书中说："南服遐远，东夏殷大，因机顺动，今也其时。"所言并非全是虚妄。因此，隋炀帝于605年下令修阳渠故道、汴渠故道为通济渠，同年修东汉陈登改凿的邗沟故道；608年又征发河北男女百万人疏浚汉代屯氏河及曹操所开白沟为永济渠；610年，又疏浚春秋吴运河、秦丹徒水道、南朝运河为江南河。如此一来，整个隋朝大运河以会稽、洛阳、涿郡为三个支点，分江南河、邗沟、通济渠、永济渠四段，将钱塘江、长江、淮河、黄河、海河五大水系连接起来，从北方的涿郡一直到达南方的余杭，南北蜿蜒长达 2 500 多千米，是中国古代南北交通的大动脉，堪称漕运史上的奇迹。

大运河的开通，促进了运河两岸城市的发展，江都、余杭、涿郡等城市很快繁荣起来。大运河把长江流域、黄河流域和北方的长城沿线连成一体，使隋帝国能够以南方的粮食和其他物资供应政治中心洛阳，并为北方边境提供战略后勤保障。这无疑有利于中央整合全国资源，构建一个更有深度也更有活力的政治、经济和社会生活共同体。

# 不怕坏人坏，就怕坏人有文化

中国传统史学典籍中一直把隋炀帝当作亡国昏君的代表人物。他的荒淫无度、大兴土木以及爱讲排场等行为也确实为"昏君"的定位提供了某些依据。然而，隋炀帝绝不是一个无能之辈，似乎也不能简单就说他是"昏君"。对此，《剑桥中国隋唐史》一书说："在民间传说、戏剧和故事中，他的形象被作者和观众的随心所欲的狂想大大地歪曲了——人民生活在一个无节制地使用权力、有豪华宫殿和享有无限声色之乐的世界中，只能产生这种感情上的共鸣。在中国的帝王中，他决不是最坏的，从他当时的背景看，他并不比其他皇帝更加暴虐。他很有才能，很适合巩固他父亲开创的伟业，而他在开始执政时也确有此雄心。"

隋炀帝杨广少年时期勤奋好学，精于文学，举止稳重，很得父母的喜欢。589 年，隋征服南方的陈朝时，杨广是远征军的统帅。他在征服南方的过程中建立了赫赫战功，征服陈朝之后，他对陈朝故地实行了卓有成效的管理。600 年，杨广一度担任远征突厥人的统帅，可见其军事才能是得到父亲杨坚认可的。

当原来陈朝的一些地方爆发叛乱时，杨广再次被任命为东南总管，驻守江都九年。为了缓和南方人对隋朝的怨恨和怀疑，杨广采取了一系列消除政治和文化隔阂的政策。比如免除赋税，赞助当地的文化事业等。他镇守江都时曾置学士百余人，常常令他们修撰书籍，以至于到了为帝以后，前后近二十年从未停过，共修三十一部，一万七千多卷。杨广本人很有文学才华，又会说吴语，加上他的妻子也是南方人，这些都有助于他很好地统治南方。

值得一提的是，杨广还与佛教天台宗的创始人智者大师有过深入的交流，他在智者大师座下受"菩萨戒"，成为一名虔诚的佛教徒。从他与智者大师的通信中，可以看出他有丰富的佛教知识和强烈的政治直觉。杨广还喜欢结交文人，爱好读书和著述。这些都说明隋炀帝在文治武功方面均有过人之处，绝非庸常之辈。

当然，隋炀帝也有致命的弱点，那就是任意妄为、不恤民力。他为了建立自己的功业，丝毫不顾及百姓的承受能力，大兴土木、大肆征伐；他爱享乐，也好大喜功，为了实现自己虚妄的政治理想，就不惜把整个国家拖入到灾难之中。

历史学家钱穆先生说，隋炀帝的野心勃勃与好大喜功，"一面十足反映出当时国力之充实，一面是炀帝自身已深深染受了南方文学风气之薰陶"。隋朝当时的社会，北方胜于吏治、武力，南方胜于文学，"文帝只知有吏治，并无开国理想与规模。炀帝则染到了南方文学风尚，看不起前人简陋"。隋炀帝的心中有着"狂放的情思，骤然为大一统政

**隋·"盘龙丽匣"双龙六瑞兽镜**

铜器类文物，镜为圆形，圆钮，花瓣纹钮座。钮座外围以双线六边形，六边形内角各一补角花叶纹。六角顶均匀放射的双线将内区分为六等份。每区各配置一瑞兽，两两相对，兽形似豹似狮，姿态各异，但均为奔驰状。

府之富厚盛大所激动，而不可控勒。于是高情远意，肆展无已，走上了秦始皇的覆辙"。按照这种解释，隋炀帝的心中实有一高远的理想，他想将南方的文学与北方的吏治、武力很好地结合一处，以造就一个更高、更强的统一帝国。这一理想本身十分美好，可惜的是，隋炀帝太急功近利了。他不明白，越是美好的理想，在实现的过程中越要有耐心。如果只为理想的远大所激动，而丝毫不顾现实，那么就会心态急躁，手段过激，最终的结果就是事与愿违。

央视《百家讲坛》主讲人蒙曼也说："隋炀帝是大暴君，只是暴君不是昏君，隋炀帝虽然无德，但是有功。只是他的功业，没有和百姓的幸福感统一起来，所以才会有'巍焕无非民怨结，辉煌都是血模糊'的说法。换言之，他没有处理好功在当代、利在千秋的关系，反而成了罪在当代、利在千秋，这才是隋炀帝最大的问题。"应该说，这个评价是十分恰当的。

# 被"逼"出来的丰功伟绩——贞观之治

隋朝末年，农民起义风起云涌。但是，最终取代隋朝、建立新政权的，却不是农民起义军，而是隋朝的著名将领李渊。

李渊出生在一个身世显赫的贵族家庭，他的祖父李虎曾是北魏、西魏的主要将领，后来被追封为唐国公，这一爵位通过世袭传给了李渊。隋朝建立后，李渊受到隋文帝杨坚的信任，先后担任千牛备身（皇帝的禁卫武官）、刺史和郡守。615年，李渊被隋炀帝提拔为太原留守，成为西北地区最有实力的军政长官。

当隋炀帝的横征暴敛激起很多农民起义的时候，李渊和他的军事顾问们认为隋朝统治已经危如累卵，遂决定趁机起义，创建新的王朝。617年，李渊在晋阳（今山西太原西南）正式起兵，给奄奄一息的隋王朝以致命一击。

为了保证后方的安全，李渊派刘文静出使突厥，取得了突厥始毕可汗的支持。之后，李渊自封为大将军，以长子李建成、次子李世民为左右大都督，发兵进攻隋朝的都城大兴城。李渊的大军从龙门渡黄河，攻取了关中，用了不到半年的时间就攻克了大兴城。李渊先以代王杨侑为皇帝，遥尊隋炀帝为太上皇，李渊自任为大丞相、唐王。

618年三月，隋炀帝在江都被宇文化及所杀，五月，李渊废黜杨侑，自己称帝，改国号为唐。

大唐王朝建立之后，李渊和儿子集中力量，平定各地的军事集团，这一过程延续了十多年，其中，薛举、王世充、李密、宇文化及、刘武周、窦建德、刘黑闼等人率领的军事力量陆续被消灭。

隋末的军事乱局平定之后，唐朝内部又爆发了激烈的政治冲突。李渊的次子李世民在平定窦建德和王世充的作战中功勋卓著，声望日隆，他的地位在其他王子之上，从而与太子李建成形成了抗衡之势。太子李建成和四弟李元吉结成政治同盟，不断打击李世民。两股政治势力不断争斗，恩怨越结越深，直到势同水火。唐高祖李渊曾试图缓解两派之间的紧张关系，但没有成功。

**唐高祖像**

唐高祖即李渊，字叔德。袭祖李虎唐国公爵。隋大业十三年（617年）任太原留守。时农民起义遍布各地，政局动荡，乃于晋阳（今山西太原西南）起兵，取长安，立炀帝孙杨侑为恭帝。次年，迫杨侑退位而自立，建立唐朝。

626年，突厥入侵唐朝边境，李元吉率军去抵御突厥人，他奏请带走李世民手下最优秀的将军和士兵，试图削弱和瓦解李世民的势力。甚至，李建成还想毒死李世民。两派政治势力激烈斗争，最终引发了玄武门之变。

经过秘密策划，李世民向父亲李渊上奏，说李建成和李元吉淫乱后宫，请求父亲惩治二人。李渊打算次日调查此事。次日一早，李渊的一个嫔妃把李世民的控告密报给了李建成和李元吉。李建成和李元吉决定速去皇宫向父皇求情，当二人经过玄武门时，遭到李世民及其心腹的袭击。李世民射杀了大哥李建成，李世民的手下尉迟敬德杀掉了李元吉。一场骨肉相残的政变以李世民一方的彻底胜利而告终。

玄武门政变之后，李世民派尉迟敬德去向父皇汇报结果。此时，唐高祖李渊正在湖上划船。尉迟敬德全副甲胄，荷戈而至，告知李建成和李元吉被处死的消息。我们可以说，李世民此举表面上是向父皇汇报，实则是劫持父皇，控制整个政治局面。果然，玄武门事变发生三天之后，李渊宣布退位，将皇位禅让于李世民。李世民成了唐朝的第二个皇帝，而李渊则被尊为太上皇。

李世民是通过发动玄武门政变，以杀害兄弟、逼退父亲的方式夺得皇位的，其夺权的方式并不合法，但他当上皇帝之后，在治国方面却有很多可圈可点之处。此等情形，堪称"逆取顺守"。

李世民是一个有着英雄气质的人物，他早年在平定国内战乱和抗击突厥的战争中屡立战功，展现出了卓越的军事才华。当上皇帝之后，他非常自觉地要做一位名垂青史的帝王。他深刻吸取隋朝灭亡的教训，几乎做到了从善如流和爱民如子。他谨遵儒家教导，虚心征求群臣的意见，诚心诚意地利用大臣的批评改善政务，他让士大夫参与国事，使之有权有责、功过分明。他力行节俭，大规模削减大型工程，以减轻民众的劳役负担和赋税。李世民本人还有很多优良的品质，比如知人善任、明察政事、仁慈勤政等，这些优秀作风给唐王朝带来一种格局宏大而又刚健清新的政治风气。

贞观年间，唐朝涌现出了一大批才华横溢的名臣，这也与唐太宗李世民高远的政治理想和博大的胸襟密不可分。李世民善于选贤任能，他用人不计出身，不问恩怨。魏徵原系太子李建成旧臣，依然得到重用；尉迟敬德做过铁匠，又是降将，也得到了重用。李世民还特别善于纳谏，著名的诤臣魏徵，前后谏事二百余件，常常直陈皇帝之过，李世民大多欣然接纳，择善如流。尤其感人的是，魏徵死后，李世民异常伤心，说："夫以铜为镜，可以正衣冠；以古为镜，可以知兴替；以人为镜，可以明得失。朕常保此三镜，以防己过。今魏徵殂逝，遂亡一镜矣。"这种明君和诤臣的良好典范，千载难遇。由于李世民善于纳谏，他的臣下也敢于直言犯谏，贞观年间由此形成了君主专制王朝少有的良好政治风气。贞观年间的大唐王朝，人才济济，名臣辈出，如房玄龄、杜如晦，人称"房谋杜断"；此外还有王珪、长孙无忌、杨师道、褚遂良等，皆为忠直廉洁之士；其他如李勣（本姓徐，名世勣）、李靖、尉迟敬德、秦琼等，皆为一代名将。这些栋梁之材，团结在明君李世民的麾下，精诚合作，共同开创了一段政治清明、社会安定、文化繁荣的太平盛世。

唐太宗李世民还很重视法治，要求官员执法时铁面无私，真正地做到了"王子犯法与庶民同罪"。同时，李世民也让臣下按宽简原则减轻刑罚，最终修订而成《贞观律》，以体现儒家的"仁政"理念。据史书记载，贞观时期社会稳定，犯罪人数大大减少，最少的一年，全国判处死刑的囚犯只有 29 人。贞观六年（632 年），唐太宗李世民曾释放近 400 个死刑犯回家过年，约定第二年秋天再回来接受死刑。结果，这些死囚次年秋天全部返回，无一逃亡。李世民为这些囚犯恪守承诺的举动所感动，最后特赦了他们。

外交和军事方面，李世民君臣励精图治，加强了对西域等地的管理。一方面平定了四夷，另一方面与亚洲各国友好往来，对待少数民族也"爱之如一"。外交和军事上的卓越成就让李世民赢得了"天可汗"的尊贵称号。

李世民自 627—649 年统治唐朝的这段时期，年号为"贞观"，所以后世就称这段时期为"贞观之治"。

这里有一个问题似乎有必要做些解释。就是李世民在他统治后期也曾出兵远征高句丽，结果失败了。有人可能会问：李世民统治时期的大唐王朝，都能打赢西北方强悍的劲敌突厥，为什么却对付不了小小的高句丽？隋炀帝就远征高句丽，不仅失败了，而且还直接导致了山东农民起义。英明的唐太宗李世民率军远征，也失败了，为什么高句丽这么难打？

隋唐时期，朝鲜半岛上有三个政权，北部是高句丽，西部是百济，东南部是新罗。这三个政权中，一直与隋唐王朝关系友好的是新罗，新罗一直积极向唐朝学习，最后也是由它统一了朝鲜半岛。百济则以日本为盟友，而高句丽的盟友则是靺鞨，靺鞨是满族的祖先，是中国东北地区的一个少数民族。隋唐时期，高句丽多次对新罗发动战争。新罗的实力不如高句丽，就希望中原王朝希望出手帮助自己。另外，高句丽对中原王朝时而表示臣服，时而又出兵侵犯边疆，这当然是对中原王朝权威地位的严重挑战。所以，隋唐两朝都要征伐高句丽。可以说，隋唐两朝持续对高句丽用兵，并不是哪一个帝王心血来潮的冲动之举，而是因为中原王朝与高句丽政权一直有矛盾。不把这个矛盾解决掉，中原王朝在东亚地区的政治权威就无法真正树立起来。

可是，讨伐高句丽并不是一件容易的事情，主要原因就是它位于海外，路途遥远。隋唐时期的政治中心在长安，而高句丽在朝鲜半岛北部。中原王朝的军队要绕过整个渤海湾才能进入高句丽。当时，从中原腹地去朝鲜半岛的道路开发程度很低，沿途人烟稀少。军队的粮草不能沿途补给，只能靠长途运输，这就让远征的难度大大增加。说个数字大家就能理解远征高句丽的难度了。隋炀帝第一次讨伐高句丽的时候，想大兵压境，一战彻底解决问题，就调动了113万人的军队。这么庞大的军队，需要多少人来为他们运送粮草呢？300多万民工。用这么庞大的军团去远征高句丽，显然过于夸张了。隋炀帝的大军先在洛阳集结，然后每天发一军，用了40天才从洛阳出发完毕。庞大的军团需要庞大的物资保障，结果，战争还没正式开始，军队的粮草就耗费光了。唐

**唐太宗像**

唐太宗即李世民。李渊次子。李渊称帝，封为秦王，任尚书令。曾镇压窦建德、刘黑闼等起义军，消灭薛仁杲、王世充等割据势力。武德九年（626年）发动玄武门之变，得为太子，旋逼父退位而称帝。

太宗李世民讨伐高句丽，吸取了隋炀帝教训，他不出动那么庞大的军团了，只率领10万人。隋炀帝调动113万人远征高句丽，人数太多了；李世民这次只率领10万人前往，人数又太少了，有点矫枉过正的味道。可即便如此，李世民的军队依然遭遇了粮草运输的困难，再加上高句丽地区气候特别寒冷，不利于中原王朝军队的作战。李世民的军队围攻高句丽的安市城，久攻不下，最后不得不下令撤军。

唐王朝最终取得远征高句丽的胜利是在唐高宗总章二年（669年）。这一年，唐朝的军队彻底灭掉了高句丽。灭掉高句丽之后，唐王朝也没有自己直接管辖，而是把它交给了新罗。新罗统一朝鲜半岛后，一直以唐朝藩属国身份存在。有学者分析，唐王朝之所以没有把高句丽的疆域纳入帝国的版图，最主要的原因就在于我们农耕民族的政权具有天然的内敛性，对领土扩张的欲望没有那么强烈。不是说农耕民族不会扩张领土，而是说农耕民族所扩张的领土只限于适合耕种的地区，只限于自己的政治权力所能抵达的范围。朝鲜半岛对于中原王朝来说，路途遥远，位于海外，不便于移民耕作，更不便于有效治理。所以，唐王朝最终也仅满足于让它成为一个藩属国，而没有直接兼并这一地区。

在唐高祖李渊统治时期，新建的唐王朝大部分时间专注于国内事务。那时，唐朝最大的威胁不是来自国内的敌人，而是来自外部的东突厥人。在唐朝还不够强大的时候，唐高祖对东突厥采用贿赂的方式，李渊不断地给突厥可汗送去大量的礼物，为的就是使其不侵略唐朝。可是，这种赎买政策并不成功，东突厥人的胃口越来越大，他们拿了唐朝的礼物之后仍然没有放弃武力侵犯。622年，颉利可汗就曾率领15万大军进犯唐朝的并州、原州，幸好被太子李建成和李世民率军击退。

到李世民统治时期，唐朝开始下大力气用军事手段对付东突厥人。626年八月，东突厥的首领颉利可汗率领10万大军进攻唐朝，人马一直抵达长安北门外的便桥。当时大臣们纷纷劝李世民撤离长安，但李世民并不示弱，他率领一小队骑兵出城与敌人谈判。两军对阵之际，他用计将颉利可汗和他的主力部队隔开，然后以骑兵包围了颉利可汗，大有进行斩首行动的架势。最后，东突厥退兵，八月三十日，双方在渭水的便桥上杀白马为盟，许诺保持和平。

此后不久，东突厥内部发生了动荡，臣服于东突厥的薛延陀、拔野古、回纥等部落起兵反抗东突厥的统治，颉利

財可散，血可流，宗主国地位不能丢

可汗的统治力就此削弱。随后，东突厥境内又遭遇大雪灾，大部分牲畜被冻死，从而引发了饥荒。李世民于 630 年趁机派出 10 万大军攻击领利可汗。唐朝大军在名将李勣和李靖的率领下一举击败了东突厥的部队，并俘虏了颉利可汗。

**昭陵六骏图**

此图据唐太宗昭陵六骏石刻而绘。

（金·赵霖）

当时，东突厥是西北地区最有实力的少数民族部落。东突厥被击败后，西北各部落首领到长安朝见，请求李世民接受"天可汗"的称号。这意味着李世民拥有了对西北各部落的宗主权，西北各部落要臣服于唐朝，各部落之间的纠纷也要交由唐朝裁决。

击败东突厥后，李世民的下一个目标就是对付西突厥人。李

昭陵六骏图（续）

世民巧妙地利用"以夷制夷"的政策，他支持西部联盟的乙毗沙钵罗叶护可汗，让其与东部联盟的乙毗咄陆可汗相互进攻。咄陆可汗派人刺杀沙钵罗叶护可汗，统一了西突厥。咄陆可汗对唐朝心怀不满，拘留了唐朝的使者，随后入侵伊州（治今新疆哈密）。

642 年，西突厥内部有几个部落对咄陆可汗的统治不满，他们派使者到长安请求帮助。李世民抓住这个机会，又册封了一个新可汗乙毗射匮。这样一来，西突厥就又发生了内乱。咄陆可汗很快就失去了所属大部分部落的支持，被迫逃入吐火罗国。乙毗射匮顺理成章地掌控了西突厥的政局，他遣使者到唐朝请求和亲。李世民答应了他的请求，西突厥也承认了唐朝的宗主国地位。此外，李世民在西域用兵征服了高昌、焉耆；在西北则绥服了吐谷浑；在西藏则通过和亲的手段，嫁文成公主于吐蕃王松赞干布，吐蕃承认了唐朝的宗主国地位。

通过强硬的武力征服和怀柔的和亲政策，李世民统治下的唐朝控制了西北、西域和西南雅鲁藏布江流域的广大地区。唐朝还在西域设立了安西都护府，所辖地区从甘肃的敦煌直到焉耆（今新疆）。如此一来，大唐王朝的领土东临大海，西逾葱岭，北抵漠北，南至南海，疆域空前辽阔，绝对是东亚地区当之无愧的宗主国。

# 一直在路上的制度革新

　　对于中国历史，一直有"强汉盛唐"之说。唐朝之所以强盛，当然与它的制度构建密不可分。概括地说，唐朝优良的制度构建主要包括四个方面：政治上实行三省六部制，经济上实行租庸调制，文化上实行科举制，军事上实行府兵制。四者相互配合，较好地整合了社会资源，激发了社会活力，促成了唐朝前期一百多年的盛世局面（从贞观之治到开元盛世）。关于三省六部制和科举制，我们在讲述隋朝的篇幅中已经提及，故在这里就只介绍租庸调制和府兵制。

　　要说清租庸调制，就得先说均田制度，因为租庸调制是建立在均田制的基础之上的。均田制是北魏创造的一种土地分配制度。当时，中国北方长期战乱，人民流离失所，田地大量荒芜，国家赋税收入受到严重影响。为保证国家赋税来源，北魏孝文帝于485年颁布均田令，把国家掌握的土地按照人头分配给农民耕种，农民只需向政府交纳租税，并承担一定的徭役和兵役。均田制是国家抑制豪强兼并土地的一种政策，农民通过接受国家的授田，就不需要再向豪强交纳租税、接受他们的严重盘剥了。这一制度对巩固封建统治、恢复和发展农业生产有积极的作用。

　　唐朝继承了北魏的均田制，并在此基础上创建了租庸调制。租庸调制的内容是：每丁每年要向国家交纳粟二石，称作租；交纳绢二丈、绵三两或布二丈五尺、麻三斤，称作调；服徭役二十天，闰年加二日。如果不愿意服役，则可交纳一定数量的绢或布，雇人代替服役，这种"纳绢代役"的方式叫"庸"。与之相对，如果有人愿意多服役，在正常每丁服役二十天之外再加服十五天徭役，则可免其"调"，若加役三十天，则"租调全免"。此外，唐朝还规定，如果出现水旱等严重自然灾害，农作物损失十分之四以上免租，损失十分之六以上免调，损失十分之七以上，赋役全免。

唐朝的租庸调制堪称一项"以民为本"的赋税设计，它不仅给了交纳赋税的农民种种便利，而且真的彻底贯彻了"轻徭薄赋"的理念。可以用数字来说明这个问题，战国时期，孟子以"什一税"（也就是国家收农民收入的十分之一）为王者之政。到了汉朝，税收的额度到了"什五税一"（收农民收入的十五分之一），而且常常只收一半，也就是三十分之一。等到了唐朝实行租庸调制之后，农民实际的赋税降到了四十税一（也就是只交收成的四十分之一给国家）。在这样的赋税制度下，唐朝的农民比较容易安居乐业。在一个"以农为本"的国度里，农民的生活富庶了，国家的富足也就变成了顺理成章之事。杜甫有诗云："忆昔开元全盛日，小邑犹藏万家室。稻米流脂粟米白，公私仓廪俱丰实。"说的就是唐朝开元年间的富足状况。这种经济上的富足与唐朝成功地实行租庸调制密不可分。

唐朝的府兵制集合了北魏、北周兵制的优点，堪称当时最先进的军事制度，原因就在于它是一种"全兵皆农"的制度，既为国家节约了军费，又保障了军队训练的质量。唐朝的府兵制度定于贞观年间，其内容为：分天下为十道，设置折冲府六百三十四个，府分三等，上府一千二百人，中府一千人，下府八百人。每府置折冲都尉一人，左右果毅都尉各一人。士兵以三百人为一团，团有校尉。

府兵制创立后，规定每三年补充一次缺额（后改为六年），士兵服役期间，免除课役，但衣装、轻武器（弓箭、横刀）及基本军需均要自备。府兵有固定的所在地和军垦田，兵士无故不得随便迁徙。他们平时务农，农闲练武，有战事则出征。他们轮流到京师担任宿卫任务。无宿卫任务的府兵于和平时期从事军垦和练兵，一旦有战事发生，国家就命将领统率所需要的府兵出征。战事结束后，士兵再回到原来所在的折冲府，这叫"散兵于府"，可有效防止军人拥兵自重、形成割据势力。

唐代的府兵制在唐太宗和唐高宗统治前期执行得比较好，也取得了良好的成效。但此项制度在唐高宗统治后期逐渐遭到破坏，到唐玄宗统治时被彻底废除。府兵制度遭破坏的主要原因是战事频繁，兵役越来越繁重。

兵役繁重，府兵的地位却大大下降了，不仅戍边时间长，而且原来的各种好待遇也没了，在战场上立功常常不能及时得到提拔，即便战死，也往往难以得到国家体面的抚恤和补偿。原来，折冲都尉和果毅都尉这样的军官多是"富室强丁"出任，他们身体素质较好，在战场上立功很容易得到提拔。如果战死沙场，国家则会予以吊丧，追赠官职。到了后来，兵役太多，这些待遇根本无从落实，士兵的社会地位也随之下降了。对此，杜甫在诗中有生动的写照："或从十五北防河，便至四十西营田。去时里正与裹头，归来头白还戍边。"唐朝从贞观之治到开元盛世，享受了一百多年的和平岁月（期间即便有战争，规模也不大）。社会和平既久，经济和文治日益兴隆，国家对军事便不再像开国前期那么重视。国家对军备先在精神层面出现了松懈，随后府兵制在具体执行的过程中便一天天走样，直至最后遭到彻底破坏。

另外，唐太宗和唐高宗统治时期，府兵轮流担任拱卫京城的重任，足见国家对府兵制的重视。可到了武则天统治时期，她为了扶植自己的军事势力，将拱卫京师的重任转交贵族官僚的子弟，府兵失去了护卫都城长安的要职，这也是导致府兵制迅速衰落的一个原因。

以上各种原因综合在一起，导致府兵的人员构成和整体素质也发生了巨大的转变：由原来的富贵人家的强壮子弟转为贫弱之人充当。伴随着府兵制的没落和废止，唐朝的军备也从强盛转向了废弛。

对于盛唐时期的各项制度，钱穆先生有过这样的评述："唐代的租庸调制，奠定了全国农民的生活。唐代的府兵制，建立起健全的武装。唐代的进士制，开放政权，消融阶级，促进了全社会的文化。唐代的政府组织，又把一个旷古未有的大国家，在完密而伟大的系统之下匀称的、合理的凝造起来。事实胜于雄辩，盛唐的伟大，已在事实上明确表出。"他还评说这些制度背后所体现出的历史光明面与黑暗面之间的关系，说："此种政治、社会各方面合理的进展，后面显然有一个合理的观念或理想为之指导。这种合理的观念与理想，即是民族历史之光明性，即是民族文化推进的原动力。他不必在某一个人的事业上表出，而是在整个民族的长时期的奋斗下，笃实光辉地产生。从北魏到北周以及隋唐，逐步进展，光明在黑暗的氛围中长养成熟，在和平的阶级下达其顶点。至于社会不时的动乱，只是黑暗与盲目势力给与历史进展的一些波折。"钱穆先生的这些观点，对我们深刻地理解盛唐时期的各种制度创建很有帮助。

一切优良的社会制度都不会凭空创建，它一定是既有历史传承，又有强烈现实针对性的。同时，不论多么优秀的制度，都不能保证一劳永逸。在长期的执行过程中，再好的制度也会变形走样，它的积极效应会经历一个衰变期。因此，制度建设应该时刻保持开放的状态，及时与现实发生良性互动。换言之，制度创新没有真正的完成时，制度创新永远在路上。

# 🐚 女皇时代

　　唐朝是中国历史上一个比较辉煌的王朝，这个王朝在政治、经济、文化等各个方面都取得了令人瞩目的成就。可是即便如此，权力争斗的戏码仍然在唐朝的宫廷中不断上演，而且异常血腥、异常惨烈。

　　权力争斗的悲剧其实自唐朝建立之初开始了。唐高祖李渊的几个儿子就斗得你死我活，最后胜出的李世民便是通过弑兄杀弟才登上皇位的。李世民去世之后，权力争斗的情形愈演愈烈，其中尤以武则天篡唐称帝的部分最为惊心动魄。

　　武则天，出生于太原地区的一个名门望族，父亲武士彟曾在隋朝做过小官，也做过木材商人。李渊起兵时，武士彟弃商从戎，加入李渊的队伍。大唐王朝建立后，李渊封赏功臣，武士彟被封为二级功臣，后官至工部尚书。这可说是武氏家族与李唐王朝最早的接触。

　　637年，年仅14岁的武则天被送入皇宫，成了唐太宗李世民的才人，也就是一个低级的嫔妃。不过，在做才人时，武则天就表现出了她异于常人的狠劲。有一回，唐太宗李世民得到一匹烈马，李世民自己不能驯服，就问手下："有人能制服这匹烈马吗？"

　　武则天立即表示她可以制服这匹烈马。李世民不信，就问她如何制服。

武则天说："只要给我三样东西——鞭子、锤子和匕首就可制服烈马。烈马不听话，就用鞭子抽它；如果仍然不听话，就用锤子敲它的脑袋；如果继续不听话，就用匕首割断它的喉咙。"只有 14 岁的武则天就说出了这样一段凶狠的话，其心狠手辣的性格暴露无遗。

据说，就在做李世民的才人期间，武则天与李世民的儿子李治有了私情。李治 9 岁时，母亲文德皇后就去世了。幼年丧母的伤痛可能是李治爱上武则天的一个重要的心理原因——小时候缺乏母爱，长大后就只好从姐弟恋中得到补偿了。武则天比李治大四岁，而且还是李世民的才人，这本来是一段不伦之恋，但武则天硬是凭着这种关系一步一步地登上了权力顶峰。这也不能不说是一个奇迹。

唐太宗李世民去世后，武则天和李世民的其他无子嫔妃一样，被送往佛寺，出家为尼，过一种与世隔绝的生活。可是，已经当上了大唐皇帝的李治在到佛寺进香时遇见了当年的情人，并且不能自拔，他又将武则天接回皇宫，并册封为"昭仪"。

回到宫中的武则天经过一系列复杂的宫廷斗争，击败了王皇后和萧淑妃，完全迷住了甚至是控制了唐高宗李治。最后，李治贬黜了王皇后，改立武则天为皇后。在这段后宫斗争中，武则天充分展示出了她为达目的不择手段的性格特点。据史书记载，为了让唐高宗李治下决心贬黜王皇后，武则天曾亲手杀死自己的小女儿，然后嫁祸王皇后。

当上皇后之后，武则天又开始在朝廷中培植自己的势力。李治的健康状况比较差，便将很多政务委托给武则天来处理。武则天借高宗的名义一步一步地掌管了国家大权。她建了一套密探制度，在朝廷中打击异己，培植亲信。贞观年间的老臣长孙无忌、褚遂良等都遭到了武则天的残酷打击，而她自己的亲信许敬宗和李义府等人则得到了提拔重用。

683 年，唐高宗李治驾崩，唐中宗李显即位，但朝政大权依然控制在武则天手里。武则天行事异常放肆大胆，完全不顾道德，蓄意打击报复，诚可谓心狠手辣。她有超强的权力欲望，也有与之相匹配的超群的政治才能。在她身上，一半是天使，一半是魔鬼。她坚毅、果决而又冷酷无情，她居心不正而又能力超群。

唐朝的宫廷争斗接连不断，但整个大唐帝国的行政机器依然保持着正常运转。那些久经沙场的将军依然在守护着大唐的疆土，那些勤劳的农民依然在耕种大唐的土地，大唐王朝也继续书写着它的强盛与辉煌。

684年，武则天废黜了自己的儿子中宗李显，改立李旦为帝，是为唐睿宗。武则天此举其实是为自己称帝做准备。此时，以徐敬业为首的一批反对者发动了一场旨在颠覆武则天统治的军事行动。徐敬业（李敬业）是唐初大将李勣的孙子，唐高宗时任太仆少卿、眉州刺史，684年被贬为柳州司马。他约同监察御史薛仲璋等，在扬州起兵，反对武则天，打出的旗号是拥立已废太子、恢复唐室。唐朝著名的诗人骆宾王写了一篇有名的檄文《为徐敬业讨武曌檄》，痛骂武则天，说她"洎乎晚节，秽乱春宫""入门见嫉，蛾眉不肯让人；掩袖工谗，狐媚偏能惑主"。

对付反对派，武则天绝不手软，她组织了30万大军，迅速打败了徐敬业的大军，徐敬业本人，也在兵败后自杀。经此事件，武则天于690年干脆废黜了唐睿宗，自己称帝。她改"唐"这个国号为"周"，让自己的儿子改姓"武"，变"李唐"为"武周"。当上皇帝之后。她不穿女人的服装，而是完全把自己打扮成男皇帝的样子，直接面对群臣处理国家大事。以女人的身份直接称帝，在中国历史上只有武则天一个人。

说到这里就有一个问题了：为什么中国历史上只有武则天一个女皇帝？又为什么只有在唐朝才能出现女皇帝？

大家都知道，古代中国一直是个男权社会，女性的社会地位长期低于男性，这是一个不争的事实。在绝对的男权社会，女性能掌控政权，本身就是一件特别困难的事。如果一个女人不但能长期控制政权，还能当上女皇帝，那简直是奇迹中的奇迹。

要创造奇迹中的奇迹，除了本人的性格和才能外，时代的因素也极为

**李勣像**

唐初大将。初从翟让起义，参加瓦岗军。以计取黎阳仓，听民取食。武德元年（618年）归唐，任右武候大将军，封曹国公。赐姓李，因避李世民（太宗）讳，单名勣。

重要。武则天能当上女皇，就得力于唐朝整体的社会氛围。唐朝社会当然也是男权社会，但唐朝是古代中国妇女地位最高的一个朝代。大家知道，隋唐是接续魏晋南北朝而来的，魏晋南北朝时期是著名的民族大融合时期。经过魏晋南北朝时期的民族大融合，游牧民族的文化对隋唐社会产生了十分重要的影响。草原上的游牧民族受儒家礼教的影响比较少，女性的地位相对来说就比农耕民族高。在魏晋南北朝时期，女性的社会地位就比宋、明、清这几个朝代要高很多。比如，花木兰，这个代父从军的女子刀马娴熟，能在战场上杀敌立功，显然不是一个性格软弱、娇气十足的弱女子。有学者考证，花木兰可能并不是一个汉族女子，而是一名鲜卑族女子。鲜卑族曾是北方一个非常强悍的游牧民族，而在游牧民族，妇女管家、掌权是有文化传统的。北魏时期，主持改革、实行均田制的政治家就是冯太后。冯太后曾长期执掌北魏政权，她恩威并施，推行了很多影响深远的举措。并且，她还培养了自己的孙子北魏孝文帝，并最终将大权成功地交到了这位接班人的手上。

写过《颜氏家训》的颜之推原本生活在南朝，后来又来到了北朝。他比较南北方的不同民风，发现了北方的女性特别彪悍。他说北方游牧民族的女性，走亲访友毫无约束，就连为丈夫申冤、带子见官这样的事都可以做。他用"妇持门户"四个字来概括北方的民风。

北朝游牧民族的民风当然影响到了唐朝。唐朝皇室本身就有鲜卑族的血统，皇室之中也出现过类似花木兰一样的强悍女子。唐高祖李渊有个女儿叫平阳公主，这个平阳公主就是赫赫有名的女将军。在李渊还没有建立大唐的时候，她就带兵帮着父亲打仗。在父亲率领的军队还没有到长安的时候，她就已经带着先头部队把长安城的外围扫荡得差不多了。由于战功卓著，平阳公主带领的军队被称为"娘子军"。

大唐王朝建立之后，女性的地位依然很高。唐朝的女性空前自信，她们活跃在社会生活的各个领域，诚可谓"巾帼不让须眉"。武则天可以说是唐朝优秀女性的杰出代表，她不仅有极强的政治才能，而且书法也写得很好，诗词歌赋也不输男子。武则天有个女秘书上官婉儿，也是著名的才女。她设置文学馆，经常与诗人往来唱和。如果哪个诗人的诗得到上官婉儿的赏识，一下子就名扬天下。上官婉儿也很有政治才能，她辅佐武则天时得到了一个绰号，叫"巾帼宰相"。

唐朝的女性并不像后世的女子那样"大门不出，二门不迈"。当时的女性还没有裹脚（女性裹脚是从宋朝开始的），她们也有社交自由。杜甫的名诗《丽人行》中说，"三月三日天气新，长安水边多丽人"，描绘的就是三月三上巳节，男男女女一起到水边郊游的情形，可见当时的人们并不觉得女性出来抛头露面有何不妥。

在与异性交往方面，唐朝的女子也比后世朝代拥有更大的自由度。唐朝的婚姻当然也是包办婚姻，女子也是要听父母之命、媒妁之言的。可是，唐朝女性在择偶时还是有些自主性的。比如，唐玄宗时有个宰相叫李林甫，他位高权重，就有很多官员来家中求他办事。李林甫有六个女儿，他是如何给女儿选婿的呢？他在自己平常办公的那个墙上开个窗，有年轻官员来找他汇报工作的时候，他就让女儿坐在窗户后面偷偷地观察这些官员的仪表、气质。接待完官员之后，李林甫再询问女儿：你喜欢哪位官员呀？你自己喜欢的，我再托人去说媒。通过这件事我们也可看出，唐朝女性在婚姻方面还是有点自主性的，起码比后世完全被动的状态要好一些。

正因为唐朝社会风气包容开放，女性的社会地位远远高于后世朝代，所以唐朝才能出现中国历史上唯一的女皇武则天。唐朝之后，中国历史上也出现过控制朝政的女强人，比如宋真宗后期，皇后刘娥就有很大的势力。真宗驾崩之后，刘娥临朝称制，全面控制了朝政。清朝的慈禧太后更是控制大清国的朝政近半个世纪。可是，这两个人一个生活在宋朝，一个生活在清朝。这两个朝代，女性的社会地位远远不及唐朝。在女性整体社会地位过低的情况下，即便是偶尔出现了一两个政治女强人，她们也做不了女皇。可以说，唐朝之后，女性在古代中国当皇帝的社会基础就已经失去了。

既然当了皇帝，武则天就要一切向男皇帝看齐。男皇帝都有很多嫔妃，武则天也不甘落后，她在后宫中养了很多男宠。她也知道很多人不服一个女人当皇帝，就用各种酷刑来惩罚反对者。当时有一种酷刑叫"凤凰晒翅"，就是把犯人的手脚绑上短木，然后扭绞短木上的绳索，折磨犯人；还有一种酷刑叫"仙人献果"，就是让犯人赤裸地跪在碎石之上，双手捧着木枷，枷上屡屡加砖，令犯人举过头顶。有名的几个酷吏，如索元礼、来俊臣、周兴、侯思止等人，在武则天掌权时均得到了重用。

武则天称帝之后，武氏家族的势力迅速发展，其家族成员获得了大规模的封赏，武则天的侄子武承嗣甚至想当太子，日后继承皇位。朝廷围绕着可否立武承嗣为太子的问题发生了激烈的争论。武则天在此问题上一直犹豫不决，最后，著名的大臣狄仁杰提醒武则天，侄子毕竟不如自己的儿子更亲近。于是，武则天于 698 年重新召回李显，立为太子。此举意味着，武则天已决定将帝国再次交到李氏家族之手。这一决定，使武氏利益集团大为失望，武承嗣不久就懊恼而死。

在武则天的晚年，张易之和张昌宗这两个同父异母的兄弟成了武则天的男宠，并权倾一时。武则天过度迷恋于张氏兄弟，对他们有求必应，极其纵容。张氏兄弟的奢靡和腐败行为招致了朝廷大臣的强烈不满，武则天的威望也随之下降。在这种情况下，以丞相张柬之为首的一批大臣策划了一次宫廷政变。705 年正月的一天夜里，张柬之召集一批大臣，拥戴李显为皇帝，带了五百御林军杀进玄武门，处死了张氏兄弟，包围了武则天的寝宫。被逼之下，女皇武则天不得不宣布退位。几个月后，82岁高龄的武则天含恨离世。

唐中宗李显复位之后，名义上成了大唐帝国的最高统治者，可是他还像从前一样软弱。唐中宗的妻子韦后与武则天的侄子武三思发生私情。武三思借此谋取权位，武氏家族再次兴盛。韦后将自己的女儿安乐公主嫁给武三思的儿子武崇训，韦后借此与武家勾结，专权干政。唐中宗还十分宠爱上官婉儿，上官婉儿讨好韦后，劝说韦后效仿武则天。武三思和韦后大搞阴谋活动，一度想将安乐公主立为皇储。唐朝此时的朝政比武则天时期更为混乱。710年，韦后为了夺权，毒死了唐中宗李显，企图取而代之。

韦后有武则天那样的野心，但却没那样的好运气。她篡权的行为一暴露，就激起了皇室成员的激烈反抗。李旦之子李隆基发动政变，率兵杀入皇宫，斩杀了韦后和安乐公主，然后李旦被拥立为新皇帝，是为唐睿宗。而李隆基本人，则被立为太子。唐睿宗当政时期，妹妹太平公主依然干政，并与太子李隆基明争暗斗。

712年，唐睿宗将皇位传给儿子李隆基，自己当太上皇。

713年，太平公主倚仗太上皇的势力专擅朝政，与李隆基发生尖锐的冲突，朝中七位宰相之中，有五位是出自她的门下，文臣武将之中也有一半以上的人依附她。太平公主与她的党羽密谋，想废掉李隆基。此外，太平公主还与宫女元氏谋划，准备毒死李隆基。

姑侄斗法的最终结果是李隆基抢先发动政变，诛杀了太平公主的党羽，并赐死了太平公主本人。至此，唐朝的宫斗大戏以李隆基的最终胜利而告一段落。李隆基就是历史上著名的唐玄宗，大唐王朝在他的统治时期将达到鼎盛阶段——开元盛世。

从649年李世民去世到713年太平公主被赐死，这段时间的历史可以说都是围绕着武则天展开的。武则天的一生与权力搅在一起，密不可分。她对唐朝政局的影响可分为三个阶段：当上皇后之前，是武则天一步步获取权力的阶段；自当上皇后直到从女皇的位置退下，这是武则天使用权力的阶段；从武则天退位至太平公主被诛这一阶段，则可看作是武则天影响之下的"红妆时期"，也就是韦后、上官婉儿、安乐公主、太平公主等几个女人企图效仿武则天，想权倾朝野的阶段。随着这几个野心膨胀的女人的陆续失败，"红妆时代"宣告终止。

对于武则天的历史功过，自唐朝开始就有各种不同的评价。唐朝前期，由于所有的皇帝都是她的直系子孙，所以对武则天的评价相对比较积极正面，多说她有政治才能，创下了伟大功业云云。但是到了宋朝，司马光在《资治通鉴》里面对武则天进行了严厉的批判。到了南宋期间，程朱理学在中国思想上占据了主导地位，武则天的种种作为更被视为大逆不道。到了明末清初，著名思想家王夫之对武则天讨厌至极，说她"鬼神之所不容，臣民之所共怨"。

时至今日，史学界已对武则天做出了比较客观的评价。对她的负面评价包括玩弄权术、心狠手辣、重用酷吏、大兴告密之风以及荒淫无度等。她的这些致命缺点破坏了贞观时期君臣一心、清正廉洁的政治风气，并直接导致了唐朝宫廷的多次动荡。对武则天的正面评价是，她确实有政治才能，善于治国、重视人才，能重用狄仁杰、张柬之、桓彦范、敬晖、姚崇等中兴名臣，因此，在武则天主政期间，大唐王朝政策稳定、文化繁荣、百姓富裕，有"贞观之遗风"，为后来唐玄宗统治时的开元盛世打下了比较好的基础。

武则天当政时期重用酷吏，著名的酷吏有四个人，即索元礼、来俊臣、周兴和侯思止，他们是武则天豢养的"四大杀手"，专门帮武则天铲除异己。

索元礼是波斯胡人，性情残忍凶暴，以诬告陷害他人为能事，因而得到武则天的重用，还当上了武则天男宠薛怀义的干爹。索元礼最大的特点是发明了若干酷刑，"凤凰晒翅"就是他发明的。此外他还发明了"千钧一发"，就是将犯人倒悬梁上，头发上再系上大石头；他还发明了"天崩地裂"，就是将铁笼套在犯人头上，四周楔入木楔，越楔越紧，直至使犯人脑浆迸射。

来俊臣是雍州万年（今陕西西安西北）人，早年游手好闲，不事生产，是个地痞无赖，还因奸盗之罪入狱，后靠多次上书密告而得到武则天的重用，历任侍御史、左台御史中丞等官职。来俊臣审案，善于逼供，并以杀人为乐，毫无人性可言。犯人只要落到了他手里，如同下了地狱。史书记载，因害怕来俊臣告密、网罗罪名残害，当时的朝廷官员人人自危，早上去上朝都忧心忡忡的，生怕遭到来俊臣的陷害。

周兴年轻时学习法律，曾当过尚书省都事，后因告密而得到武则天的重用，他一步步升迁，每一步升迁都是靠诬告、陷害他人实现的。最后，这个恶贯满盈的人也被别人密告谋反。此时有趣的一幕出现了。来俊臣在家里置办了一桌丰盛的酒席，请周兴来赴宴。席间，来俊臣问周兴："我碰到了个技术难题，请兄弟你来帮忙出个主意。我刚接了个案子，皇上要我一定审个水落石出，但是那个小子就是不招供。你说该怎么办呢？"

周兴得意地回答："这个好办。先找一个大瓮，四周架上炭火，这样那个大瓮就如同一个熔炉，你把犯人放到瓮里面去，不论他是什么材料制成的，一定会老老实实地招供。"

"好主意，好主意！"来俊臣连声赞叹，随即命人抬来一口大瓮，按周兴说的那样在四周点上炭火，然后对周兴说："宫里有人密告你谋反，皇上命我严查。对不起，现在就请你自己钻进瓮里吧。"这就是成语"请君入瓮"的出处。

闻听此言，周兴立刻吓得面如土色，赶紧"招供"。周兴被来俊臣定为死罪，报上去之后，武则天将其改为"发配岭南"。无奈，周兴作恶太多，在发配岭南的半道上就被仇家杀掉了。

侯思止是雍州醴泉人，本来是个卖大饼的，后来跟着游击将军高元礼当仆役。他也是靠诬告而得到武则天重用的。当时，武则天鼓励告密，告密者往往可以得到五品御史的官职。侯思止也要求得到御史之职位。武则天问："你不识字，怎么能当御史呢？"

侯思止回答："獬豸（传说中的一种独角兽，专用角攻击恶人）何尝识字，不也能以角触杀邪恶之人吗？"

武则天听了很高兴，就任命侯思止为侍御史。有一次，武则天要把没收反臣的住宅赏给侯思止。侯思止却说："臣下憎恨那些乱臣贼子，怎么能住进他们的故宅呢！"这话讨得了武则天的欢心，武则天对他愈发重用。

693年，武则天下令：除皇室之外，其他人都不准使用锦缎。可侯思止胆大包天，偷偷地积蓄锦缎。这件事被揭发之后，宰相李昭德负责调查，他直接将侯思止乱棍打死在朝堂之上。

说到底，酷吏不过是武则天手中的工具。既然是工具，那么武则天对他们的态度就是：对自己有用时就使用，对自己无用或有害时就丢弃。对武则天来说，重用酷吏或者抛弃酷吏，不过是不同的统治手段而已。

在即将称帝和称帝的初期，武则天知道宗室大臣对自己不服，决定杀人立威，于是就提拔、重用酷吏，以维护自己的统治。她下令奖励告密，声称只要有人告密，臣子不得过问，都要提供当时最快捷的交通工具——驿马，并以五品官员的待遇供饮食，让其一路顺畅地抵达皇宫，由武则天亲自接见。如果告密者所说的话符合武则天的心意，那么此人马上会得到重用。如果告密者所说的话是虚构的，武则天则不予追究。这无疑是对告密分子的最大怂恿，武则天时期的"四大酷吏"几乎全部是靠告密起家的。

武则天借这些酷吏大搞恐怖政治，打压异己力量，登上了皇位。待她当上皇帝之后，尤其是在巩固了自己的统治之后，武则天为了笼络人心，则掉过头来开始杀掉酷吏以赢得人心。因此武则天时期的"四大酷吏"无一人得以善终。

周兴是第一个被清算的酷吏，索元礼随后也被杀掉，侯思止被宰相李昭德乱棍打死。来俊臣是"四大恶人"中最后一个被处死的，他被武氏诸王和太平公主告发，定为死罪。其被杀之日，"仇家争啖俊臣之肉，斯须而尽，抉眼剥面，披腹出心，腾蹋成泥"。得知来俊臣为天下人如此痛恨之后，武则天亲自下诏，历数来俊臣的罪行，称："宜加赤族之诛，以雪苍生之愤，可准法籍没其家。"把来俊臣全家都抄斩了，以此再次笼络人心。

**唐三彩牵马俑及三彩马**
牵马俑和三彩马是奴仆俑之一，流行于唐朝。

看到酷吏被诛，百姓于额手称庆的同时，自然会高呼"吾皇圣明"。而这恰是武则天所乐见的，她要的就是这种效果。在帝制时代，皇帝的"圣明"往往不是因为皇帝一贯坚持正义，而是因为其擅长统治术，善于笼络人心。此等情形，不断重演，甚至已经成了经典"套路"。

# 大唐王朝的"红妆时代"

　　武则天从一个后宫的才人一步步地奋斗成皇后、女皇，以女人之身登上九五之尊，她的人生故事刺激了很多人，尤其是她身边的女人。这些女人也想效仿武则天，也想高高在上。于是，一些野心膨胀的皇族贵妇开始疯狂地攫取权力。大唐王朝开启了一段特殊的女人掌控大权的"红妆时代"。

　　武则天是"红妆时代"的开启者。在她之后，又有四个女人卷进了对最高权力的角逐，这四个女人分别是：武则天的儿媳妇韦后，武则天的女儿太平公主，武则天的孙女安乐公主，武则天的"秘书"上官婉儿。这四个女人在武则天去世之后，将大唐王朝的宫廷搅得天翻地覆。

　　705年，张柬之等人发动兵变，逼迫武则天退位，拥戴李显重新称帝，而韦氏也重新当上了皇后。像武则天一样，她当上皇后并干预朝政之后仍不满足，还想着当女皇。上官婉儿也鼓动韦后，劝她效法武则天，窥视女皇之位。为了寻找政治同盟，上官婉儿向韦后推荐了武三思。韦后与武三思私通，女儿安乐公主嫁给了武三思的儿子武崇训，由此，他们形成一股强大的政治力量。

　　安乐公主是唐中宗李显和韦皇后的女儿，从小受到父母的极度宠爱，飞扬跋扈，不把任何人放在眼里。她看不起庶出的太子李重俊，对他如对仆役。李重俊终于忍无可忍，于 707 年发动兵变，杀死了武三思、武崇训父子。但是安乐公主这天正好回了皇宫，逃过一劫。

闻听变乱，唐中宗李显、韦后与安乐公主都吓得抖成一团，幸好上官婉儿非常沉着，她请求唐中宗亲临城楼督战，这才平定政变，李重俊被杀。

后来，无法无天的安乐公主还要求父亲立自己为"皇太女"，为了达到这个目的，她甚至让自己的新婚丈夫武延秀（此时武崇训已死）去陪亲娘韦后寻欢作乐，以换取母亲对自己要当"皇太女"一事的支持。韦后虽然广纳男宠，但对女婿武延秀似乎格外满意，还真在唐中宗的面前支持立女儿为"皇太女"的无理要求。

一向糊涂的唐中宗李显总算靠谱了一回，他拒绝了韦后和安乐公主的无理要求。韦后和安乐公主对唐中宗大为不满，最后竟然合伙毒死了唐中宗，并想篡夺最高权力。

关键时刻，临淄王李隆基和太平公主联手，发动了唐隆之变，斩杀了韦后和安乐公主，清除了韦氏党羽。

太平公主因与李隆基一起诛杀韦后而立功受赏，并得到了唐睿宗李旦的高度信任。李旦经常同她商量朝廷的大政方针，每次她入朝奏事，都要和李旦坐在一起谈上一段时间；有时她没去上朝谒见，李旦会派宰相到她的家中征求意见。宰相奏事的时候，李旦总要询问："这件事曾经与太平公主商量过吗？"接下来还要问道："与三郎（太子李隆基）商量过吗？"在得到宰相肯定的答复之后，李旦才会对宰相的意见表示同意。可见当时的太平公主拥有多么巨大的权力。据说，自宰相以下的文武百官，太平公主说一句话就可导致他们升迁或降免。

权力鼎盛之际，太平公主的儿子武崇行、武崇敏、薛崇简三人都受封为王，太平公主的田产园林遍布长安城郊外各地，她家在收买或制造各种珍宝器物时，足迹远至岭南及巴蜀地区，为她运送这类物品的人络绎不绝。太平公主在日常衣食住行的各个方面，也处处仿效宫廷的排场。

李旦曾试图在李隆基和太平公主之间寻求政治平衡，以避免伤害到任何一人，但这种努力没有成功。在李隆基登基之后，太平公主依然纠结党羽，策划政变，试图废掉李隆基。最后，李隆基抢先发难，挫败了太平公主的势力，并赐死了自己的这个姑姑。大唐王朝的"红妆时代"就此结束。

# 开元盛世

712 年，李隆基登基称帝，是为唐玄宗。次年，唐玄宗清除了太平公主的政治势力，开始整顿朝纲。

此时，距武则天去世刚过八年，可这八年之间，大唐宫廷历经五次政变，政局波诡云谲，动荡不安。有鉴于此，李隆基将年号定为"开元"，意在结束动荡，开创新局面。为此，他以进取的姿态，精简机构，裁减冗员，同时启用了一大批名臣，提拔了姚崇、宋璟、张嘉贞、张说、李元纮、杜暹、韩休、张九龄等名臣为相。这些人各有所长，通晓治国方略。李隆基还恢复了"贞观之治"的优秀传统，广开言路，鼓励进谏，这些做法又将大唐王朝的政治拉到了公正廉明的轨道上来，一改"红妆时代"任人唯亲的污浊之风，给大唐王朝的官场注入了正气和朝气。

开元年间，大唐王朝改革财政，制订新的经济措施，打击豪强，劝课农桑，大力发展农业；唐玄宗还进行了兵制改革，在边境地区大力发展屯田，提高军队战斗力，扩张疆域；与此同时，还实行民族和解政策，改善民族关系，这些措施对促进社会的稳定和繁荣起到了积极的作用。

经过一番励精图治，大唐王朝在开元年间进入到全盛时期，这一阶段政治稳定、经济繁荣、国力空前强盛，史称"开元盛世"。

当时的唐都长安是一座国际化的大都市，拥有海纳百川的精神和雄伟博大的盛唐气象，可说是开元盛世的一个很好的缩影。

唐都长安由宫城、皇城、郭城三部分组成。宫城在北面，是皇宫所在地。宫城南面是皇城，是政府所在地。郭城位于宫城和皇城的东、西、南三面，是居民住宅区和工商市场的所在地。整个长安城的外围城墙周长 36.7 千米，城墙内的面积 84 平方千米。郭城有十三座城门，从皇城的朱雀门到郭城正南的明德门，有一条居中的朱雀大街，宽达 150 米。如此规模宏大的城市，在当时的世界上是首屈一指的。

长安不仅是唐朝的首都，是全国的政治、经济、文化中心，而且还是举世闻名的国际性大都会，是东西方文明的交汇中心。来这里的各国使节和商人络绎不绝，他们从事政治和商贸活动，将域外的文化带到了大唐，又从这里将中国文化带到域外。据《唐六典》记载，当时与大唐通使的国家有三百多个，仅日本一国，就派遣使者到长安 15 次，东罗马帝国派遣使者到长安 7 次，阿拉伯帝国派遣使者到长安的次数高达 36 次，西域各国"入居长安者近万家"。

**明皇幸蜀图**

传为唐朝山水画家李思训（一说李昭道）创作的大青绿设色绢本画。

在唐都长安，有来自波斯的珠宝、有来自西域的良马和音乐、有来自阿拉伯帝国的香料和药材。中原地区的丝绸、茶叶和瓷器等物资也源源不断地汇聚到长安，然后从这里沿着丝绸之路销售到西方。

除了物质丰富、经济繁荣之外，当时的长安更是世界上多元文化的交流中心。佛教高僧大德在长安的佛寺里翻译佛经、讲经说法。道教、景教（基督教的一支）、摩尼教、祆教等也在长安有自己的寺庙或教堂。大唐王朝以中国文化为主流，兼容并蓄，广泛吸纳外来文化，形成了那个时期特有的开放包容、富有生命力和创造力的盛唐文化。在长安城中，汉人穿着胡人的服装，胡人戴着汉人的帽子；汉人吃胡饼，胡人说汉语，胡汉之间难分彼此。此外，唐朝政府中还有外国人前来做官，他们为大唐政府服务，居住在唐都长安，说汉语、写汉字，对汉文化一往情深。

可以说，全盛时期的大唐王朝，不仅开创了一个开放包容、多元共生的盛世，而且还以经济文化交流为纽带，将政治制度、木版印刷术、诗歌、建筑等先进的文化传到了日本、朝鲜和越南等地，加速了华夏文明向外扩展的进程。

**佛教在唐朝完成了中国化**

佛教起源于印度，创始人为释迦牟尼。释迦牟尼俗名是乔达摩·悉达多，是印度半岛一个小国的王子。他年轻时舍弃王子之位，出家修行，六年苦修之后，他在一棵菩提树下大彻大悟，从此开始讲经说法，传播教义。

佛教认为，每个人都要经历生老病死的痛苦。产生痛苦的根源，就在于人的内心之中有"贪嗔痴慢疑"五毒烦恼，即人性中有贪婪、嗔恨、愚痴、傲慢、疑虑五种重大的弱点。正因为无法克服这些弱点，所以芸芸众生才会在生死苦海中无休止地经历轮回。为了超越轮回，摆脱生死，就要克服人性的弱点，并体认到世界万物的空性，通过训练使心灵专注，最终充分开启智慧，达到彻底觉悟和涅槃的境界——也就是佛的境界。

佛教自东汉永平年间传入中国，在魏晋南北朝时期得到了发展，在唐朝达到繁荣期，并完成了中国化的进程。佛教中国化的完成，一方面要把佛教经典译成中文，另一方面要使佛教理论和佛教实践活动能与中国社会形成良性互动。因此，我们可以说，佛教中国化的完成其标志就是佛经翻译的完备和中国佛教八大宗派的创立、成熟。

佛教经典卷帙浩繁，佛经的翻译工作也不是一朝一代就能完成的。自佛教传入中国之时起，佛经翻译事业就随之启动，比如东汉时期就有著名僧人迦叶摩腾和竺法兰翻译了《四十二章经》，这是最早翻译成中文的一部佛经。到了魏晋南北朝时期，杰出的佛学大师、佛经翻译家鸠摩罗什翻译了《金刚经》《阿弥陀经》《妙法莲华经》《维摩诘经》等众多佛经。到了唐朝，在佛经翻译上做出巨大贡献的人则是玄奘大师。

玄奘大师，俗名陈祎，洛阳缑氏（今河南偃师）人。他于唐贞观三年（629年），一说贞观元年从长安出发，西行求法。历经艰难之后，他到达佛教的发源地天竺，在那烂陀寺拜印度高僧戒贤法师为师，在那里学习了五年，学成之后又遍访各地，讲经说法，成为享誉印度半岛的高僧。

贞观十九年（645年），玄奘大师带着657部佛经回到长安。唐太宗李世民亲自接见了他。玄奘大师向唐太宗介绍了西行求法的所见所闻，尤其是西域和天竺的风土人情。唐太宗对此非常感兴趣，就让玄奘大师写了一部书，这就是著名的《大唐西域记》。唐太宗对玄奘大师舍身求法的精神非常钦佩，遂下令组织了规模宏大的佛经译场，支持翻译佛经的事业。于是，玄奘大师又花了约20年的时间，带领弟子精心翻译了75部佛经，共计1 300多万字。这是一项非常伟大的事业，精通梵文的季羡林先生曾说，玄奘大师所译的佛经，无论是质量还是数量，都是首屈一指的。

玄奘大师之后，还有义净、实叉难陀、菩提流志、金刚智等唐朝高僧继续翻译佛经，经过几代人的努力，印度佛教的著名经典和论著已经比较完备地译介到了中国。

由于佛教是一个博大精深的体系，佛经数量巨大，修学法门众多，一般的人难以准确地把握、学习。于是，中国的高僧就在充分研判佛教经论的基础上，创建了不同的教学体系，这些不同的教学体系，便是佛教的宗派。这就相当于一所综合性的大学，里面又分了不同的学院和科系。佛教进入中国之后，经过六百年的发展，到唐朝时形成了八大宗派，分别是禅宗、净土宗、律宗、密宗、法性宗（三论宗）、唯识宗（法相宗）、天台宗、华严宗。

禅宗的发展过程似乎最能让人体会到佛教的中国化到底是如何完成的。禅宗的发展历程大体是这样的：在灵鹫山法会上，释迦牟尼佛拈花微笑，"是时众皆默然，唯迦叶尊者破颜微笑"。于是，释迦牟尼佛说："吾有正法法藏，涅槃妙心，实相无相，微妙法门，不立文字，教外别传，付嘱摩诃迦叶。"这种"不立文字，教外别传"的佛法便是禅宗，而迦叶尊者就是禅宗第一代祖师。此后禅宗在印度代代相传，至二十八代传至达摩大师。

达摩从印度来到中国，禅宗也随之传到中国，达摩遂成为中国禅宗的初祖。之后，禅宗在中国经过五世单传，即达摩传衣钵于二祖慧可，二祖慧可传衣钵于三祖僧璨，三祖僧璨传衣钵于四祖道信，四祖道信传衣钵于五祖弘忍，五祖弘忍传衣钵于六祖惠能。

六祖惠能大师是个奇才，他能深入浅出地阐释佛学精华，同时使之与中国人的生活实践紧密结合。比如，佛家讲"持戒""忍辱""禅定"等，戒律很多，修行的法门也很多，一般人很难抓住精髓，经惠能大师一解释，问题立马明了："心平何劳持戒，行直何用修禅。恩则孝养父母，义则上下相怜。让则尊卑和睦，忍则众恶无喧。若能钻木出火，淤泥定生红莲。苦口的是良药，逆耳必是忠言。改过必生智慧，护短心内非贤。日用常行饶益，成道非由施钱。菩提只向心觅，何劳向外求玄。听说依此修行，西方只在目前。"一首偈，直截了当，就把佛学的精华概括得差不多了。

再比如，佛家讲"戒定慧"三学，关于这三个方面的经论非常多，一般人也很难抓住问题的实质，而惠能大师又是用一首偈就把"戒定慧"三学的核心问题讲清楚了："心地无非自性戒，心地无痴自性慧，心地无乱自性定，不增不减自金刚，身去身来本三昧。"这首偈一下子就抓住了佛学的核心，佛学是"心"学，学佛最重要的就是要"修好这颗心"。只要能修好这颗心，采用什么形式并不重要。

六祖惠能还将传统佛教的出世解脱转化为世间解脱，使佛教充分生活化。佛法传入中国之后，传法的高僧大德一般都是僧人身份，他们一般远离尘俗，寄情山林，这也让很多人误解，认为学佛一定要出家，一定要出世。针对这种误解，六祖惠能说：

"佛法在世间，不离世间觉；离世觅菩提，恰如求兔角。""若欲修行，在家亦得，不由在寺……但心愿自家修清净，即是自性西方。"自六祖惠能之后，禅宗乃至整个中国佛教便逐渐朝着既入世又出世的道路发展，即"以出世之心，做入世之事""身在红尘，心怀净土"，这样，便将世间与出世间打成一片，使佛教充分生活化、普及化。

禅宗经六祖惠能大师弘扬之后，高僧大德辈出，禅宗此前五世单传的局面彻底终结，随后更是出现了"五家七宗"的繁荣局面。

禅宗以外的七个宗派的形成过程也是遵循大致相同的路径，它们都是将佛教理论与中国国情紧密结合的产物。从某种意义上讲，佛教中国化的过程，也是佛教与中国本土的儒家、道家思想相互融合的过程。佛教八大宗派的形成，标志着佛教理论及其修学体系都已经实现了中国化，此时的佛教已然成为中国文化不可分割的一部分，它深深进入了中国人民的思想观念和社会生活之中，对中国的诗歌、音乐、绘画、书法、建筑等均产生了深远的影响。

# 取其精华，去其糟粕的包容精神

　　唐朝人既不是魏晋以前汉人的简单延续，也不是胡人单向地融入汉族之中，而是"胡人汉化"和"汉人胡化"双向互动催生出的民族文化共同体，这一共同体在唐朝近三百年的历史中，又陆续不断地与胡人、外国人进一步互动，不断兼容并蓄，不断吸纳创新。因此，大唐王朝才在政治、经济、文化等各方面都显示出了海纳百川的博大胸襟和磅礴气象。这种胸襟和气概，后人称之为"盛唐气象"。

　　唐朝人之所以有"盛唐气象"，是以充分的文化自信为基础的。对此，美国著名历史学家伊沛霞说："与 20 世纪前中国历史上任何其他时期相比（除了 20 世纪），初唐和中唐时的中国人自信心最强，最愿意接受不同的新鲜事物。或许是因为来自异邦的世界性宗教使中国同波斯以东的所有其他亚洲国家建立了联系，或许是因为当时很多士族豪门为胡人后裔，或许是因为中国有强大的军事力量镇守丝绸之路，保证了商旅畅通无阻……总之，这个时期的中国人非常愿意向世界敞开自己，希望得到其他国家的优秀东西。"

　　大唐王朝以海纳百川的气概，广泛吸收优秀的外来文化。这方面以服饰和歌舞最为突出。初唐时期，祖孝孙把南乐与北曲融为一体，协调了"吴楚之音"和"周齐之音"，成就了大唐雅乐。唐太宗平定高昌之后，又引进了高昌乐。至此形成了唐朝的"十部乐"，其中只有燕乐和清商乐是传统的古乐，其余的龟兹乐、天竺乐、西凉乐、高昌乐、安国乐、疏勒乐、康国乐、高丽乐都是从边疆和外国引进、改造的。

最值得一提的是，唐玄宗李隆基本人是一位音乐素养极高的皇帝，他"雅好度曲"，善于学习来自西域的胡乐，一生创作了大量的乐曲，加速了胡汉音乐的渗透与融合。唐玄宗还对佛教音乐进行改造，将源于印度的佛曲《婆罗门曲》改编成著名的《霓裳羽衣曲》。而他宠爱的妃子杨贵妃则是《霓裳羽衣曲》的编舞者。皇帝作曲，贵妃编舞，珠联璧合，一下子就使《霓裳羽衣曲》风靡大唐。为了培养更多的音乐人才，唐玄宗还创办梨园，闲暇时亲自教授梨园弟子演奏乐曲。由此，唐玄宗本人一直被奉为"梨园祖师"。

在开元年间的唐都长安，来自西域的胡旋舞风靡一时。这种舞蹈以快速旋转著称，深受达官显贵的喜欢，杨贵妃和安禄山都是跳胡旋舞的高手。在敦煌莫高窟的壁画中，我们仍可以看到唐人跳胡旋舞的画面。舞蹈者身披飘带，上身半裸，扭动腰身，急速旋转，舞姿曼妙。从敦煌壁画中我们还可发现，唐朝为歌舞伴奏的乐器已达四十多种，其中，打击乐器、吹奏乐器、弹拨乐器、拉弦乐器等主要的乐器种类都已齐全。这些乐器相当一部分都来自西域或外国，从乐器的名字（如琵琶、筚篥，羯鼓、答腊鼓）上就可看出这一点。

胡乐、胡舞之外，胡人的服饰也传到了大唐。胡人女性服饰的最大特点就是"香衫窄袖"，与以前中原人普遍喜欢的"宽袍大袖"的服饰风格迥然有别。史书记载，到开元天宝年间，"小头鞋履窄衣裳"的服饰就成了流行的趋势，贵族和普通百姓均"好为胡服及胡帽"。除了直接穿"胡服"外，唐人还调和"汉服"与"胡服"的特点，发明出新的服装样式。据说，杨贵妃就发明了一种新服饰，叫"鸳鸯并头莲锦裤袜"，类似于今天的连裤袜。我们从唐朝绘画中还可看到，唐朝女性爱穿一种叫"罗帔衫"的服装，这也是一种胡汉合璧的服装，一方面它袒肩露颈，摒弃了传统汉服遮盖全身的装束风格，另一方面它又是一种宽松的服装，与胡服的紧身设计旨趣有别。这可说是胡人汉化和汉人胡化在服装上的具体体现。

唐朝人的物质生活和精神生活在各个方面都受到了外来文化的影响。在长安的东市和西市，出售外来的工艺品和奢侈品。在各种娱乐场所，中外艺人表演风格不同的戏剧、滑稽剧及其他的娱乐项目。从印度、波斯和中亚传来的乐曲，对中国音乐产生了重大影响，其音乐元素很快融入中国音乐之中。

唐人对外来文化兼容并收的能力，是建立在强大的文化自信和博采众长的宽广胸襟之上的。对此，鲁迅先生说，"那时我们的祖先们，对于自己的文化抱有极坚强的把握，决不轻易动摇他们的自信力；同时对于别系文化抱有恢廓的胸襟与极精严的抉择，绝不轻易的崇拜或者轻易地唾弃""凡取用外来事物的时候，就如将彼俘来一样，自由驱使，绝不介怀"。

在文化自信心极强，社会风气极度开放、包容的情况下，唐朝的各项文化艺术，如诗歌、音乐、舞蹈、书法、绘画等，均取得了举世瞩目的成就。唐诗是中国古典诗歌史上公认的高峰，唐朝诗人众多、名家辈出、风格多样，既有边塞诗，也有山水田园诗；既有古风，又有律诗和绝句。唐朝诗人的思想旨趣和审美倾向也多姿多彩，比如杜甫，他是深怀儒家理想的人，他写的诗沉郁顿挫，忧国忧民，被称为"诗史"，他本人则被称为"诗圣"；李白炼丹求仙，在思想上倾向于道家，他的诗想象丰富，瑰丽雄奇，他被称为"诗仙"；王维是佛教徒，他的诗幽静、空灵、大有禅意，他被称为"诗佛"。儒释道三种不同的思想文化不仅能够在大唐王朝的统治下和平相处，而且各自都在诗歌创作领域有自己的代言人，并为后人留下了脍炙人口的诗篇。

书法也是一样，唐人在学习王羲之、王献之等人书法风格的基础上，大胆创新，涌现出了欧阳询、虞世南、褚遂良、薛稷、颜真卿、柳公权、钟绍京等一大批对后世影响深远的书法家。至此，中国楷书的法度在唐人的手中得以完成，这是唐朝对中国文化做出的又一巨大贡献。

# ☁ 盛世中的危机

俗话说"胜极而衰"，唐朝的国运正是如此。

从唐太宗时期的贞观之治到唐玄宗时期的开元盛世，大唐王朝一直是走上升路线的。开元盛世是唐朝的鼎盛阶段。可在人们还陶醉在歌舞升平的盛世之中时，大唐王朝便已经走上了由盛转衰的道路。

转折的关键就出在唐玄宗李隆基身上。李隆基本人多才多艺，但他的政治能力远不如唐太宗李世民。他统治前期，依"贞观故事"，通过复制唐太宗李世民的治国模式，使国家达到大治，创下了开元盛世。可是，一旦取得了盛世的成就，李隆基便不思进取乃至忘乎所以了，他忙着封禅，忙于享乐，逐渐变得骄纵昏庸。对此，《资治通鉴》称，唐玄宗"在位岁久，渐肆奢欲，怠于政事"。

唐玄宗"怠于政事"之后，在用人上出现了严重的失误。正直的宰相张九龄被罢免，而奸相李林甫上位。李林甫口蜜腹剑，阴险奸诈，善于钻营，他一味迎合皇上，打击异己。他当政之后，大唐王朝的政治风气便一步步地坏了下去。因此，对于唐王朝的由盛转衰，李林甫负有"养成天下之乱"之责。

在导致唐朝由盛转衰的过程中，唐玄宗李隆基与杨贵妃杨玉环之间的爱情故事也不得不说。

杨玉环本是唐玄宗的儿子寿王李瑁的王妃，她因年轻貌美而迷倒了很多人，不幸的是，这其中竟有她的公公、大唐王朝的皇帝李隆基。开元二十八年（740年），56岁的李隆基与22岁的杨玉环在骊山温泉幽会，从此坠入情网，一发不可收拾。为了掩人耳目，李隆基先让杨玉环出家为道士，然后再以女道士的身份进入皇宫。于是，这位道号"太真"的女道士出家不到一年就又还了俗，进了皇宫，被封为妃子——太真妃。在李隆基61岁生日那天，27岁的杨玉环被封为贵妃。

唐玄宗十分宠爱杨贵妃，诚可谓"三千宠爱在一身"。杨贵妃喜欢吃荔枝，唐玄宗便下诏，专门开辟出一条从岭南直通长安的贡道，用驿马专门为杨贵妃送荔枝。诗人杜牧有诗云"一骑红尘妃子笑，无人知是荔枝来"，描述的就是这件事。

杨贵妃本人虽然没有直接干预朝政，但她的极度受宠还是对朝政形成了恶劣的影响。为了讨得杨贵妃的欢心，李隆基命各地官员向宫中进献各种奇物珍玩。杨贵妃本人的生活更是奢靡无度，据说专门为她刺绣织锦的就有700多人，雕刻器皿的又有数百人。更可怕的是，享受奢华的远不止杨贵妃一人，而是以她为首的一个杨氏团队。杨贵妃的哥哥姐妹全都被召进了宫，三个姐姐分别被封为韩国夫人、秦国夫人、虢国夫人，每月各赐脂粉费十万钱，堂兄杨铦、远房堂兄杨国忠也都在朝中为官，人称杨氏"五大家"。唐玄宗每收到国内外的贡品，都会分赏"五大家"，比如，赏赐给虢国夫人夜明珠、赏赐给秦国夫人七叶冠、赏赐给杨国忠锁子帐，这些都是价值连城的珍宝。

"五大家"的府第靠近皇宫，规模宏大，富丽堂皇。每建一堂，均要耗资数千万。而且杨氏五个家庭之间还互相攀比，他们一旦发现别人家的建筑比自己的更豪华时，就不惜毁掉重建，也一定要超过别家。杨氏家族如此挥金如土，不仅耗费了唐朝大量的财富，而且带坏了社会风气。在开元后期和天宝年间，奢华之风弥漫全国，勤俭节约的美德在达官贵人的身上不复存在。统治阶层的奢华生活当然是靠剥削底层百姓来支撑的，达官显贵越崇尚高消费，普通百姓的负担就越重。

出于爱屋及乌的心理，唐玄宗还重用了杨玉环的远房堂兄杨国忠。李林甫死后，唐玄宗便让杨国忠接替李林甫的位置。杨国忠当上宰相之后，其飞扬跋扈的程度比李林甫有过之而无不及。

唐玄宗贪图享乐，怠于政事，竟将朝政大权交于杨国忠。杨国忠专权误国不算，他还穷兵黩武，动辄对边境少数民族地区用兵，不仅使成千上万的无辜士卒暴尸边境，也给少数民族地区造成了深重灾难，弄得民不聊生。

杨国忠为政期间，曾两次发动征讨南诏的战争。天宝十年（751年），刚当上京兆尹不久的杨国忠就推荐自己的党羽鲜于仲通为剑南节度使，并命其率兵攻打南诏。结果征讨南诏的军事行动大败，不仅阵亡将士达六万人，而且直接导致南诏脱离了大唐，转而投向吐蕃。

为了掩盖第一次攻打南诏的失败，杨国忠策划了第二次攻打南诏的行动。本来大唐王朝兵力不足，为了补充兵员，唐玄宗就命令在长安、洛阳、河南、河北各地广泛招兵。杨国忠趁机派人到各地去强行征兵，遇到青年男子，就给他们戴上枷锁，直接送到兵营。凑足兵员之后，杨国忠于天宝十三年（754年）再次发兵攻打南诏，这次军事行动又遭惨败。两次攻打南诏，损兵折将近20万人。

杨国忠对人民的疾苦漠不关心。天宝十二年（753年），关中地区连续发生水灾和严重饥荒。唐玄宗担心灾荒会影响庄稼的收成，杨国忠便叫人专捡好的庄稼拿给唐玄宗看，并说"雨水虽多，并未伤害庄稼"，用"报喜不报忧"的方法欺骗唐玄宗。后来有扶风太守奏报当地出现水灾，杨国忠便叫人审问这个太守，惩治他说真话的行为。从此以后，再没有人敢向朝廷报告实情了。

就在大唐帝国转向衰落之际，阿拉伯人建立的政教合一的大食帝国在西亚崛起，他们几乎打败了所有的欧洲国家，然后掉头向东，扩张到了中亚。751年7月，大食帝国的军队和唐朝的军队在中亚怛罗斯城（今哈萨

**胡人骑马带犬狩猎俑**

*彩绘陶俑。*

克斯坦境内）展开一场大战。当时，大食帝国的兵力有 20 万之多，而唐朝的部队只有数万（关于唐朝军队的具体的数量，历来有两种说法，一种认为是 6 万—7 万，另一种认为是 2 万—3 万）。唐朝军队在名将高仙芝的率领下，凭借着精良的装备和先进的战术手段，与对方血战五天，杀伤敌 7 万，重创敌军。但由于唐朝军队兵力不足，没能攻破怛罗斯城。

战至第五天，大食帝国的援军赶到。见势不妙，唐军中的一支胡人队伍葛逻禄部叛变了。在内外夹击之下，唐朝军队溃败，伤亡 2 万多人。

怛罗斯之战对中亚格局产生了深远影响。此战之后，唐朝无力再经营西域，最终退出了对中亚地区的控制与争夺。

在怛罗斯之战中，有一些唐朝的工匠被俘，他们将造纸术带到了大食，随后又传到了欧洲。

唐朝军队在战场上的失利，并没有让唐玄宗和杨国忠警惕起来，他们还继续沉醉在歌舞升平的盛世幻想之中。不过，很快就有一个更大的动乱到来了，那就是安史之乱。安史之乱一下子打碎了大唐王朝太平盛世的美梦，成了唐朝由盛转衰的转折点。

755 年 12 月 16 日，身兼范阳、平卢、河东三节度使的安禄山伙同部将史思明在范阳起兵，以"奉密诏讨伐杨国忠"为借口发动叛乱，兵锋直指洛阳和长安。由于大唐王朝承平日久，疏于备战，因此沿途各州县或陷或降，纷纷瓦解。短短的 34 天，安禄山的大军从范阳攻打到洛阳。次年，安禄山的叛军又攻陷了长安。大唐王朝的皇帝唐玄宗在长安陷落之前仓皇出逃，一直沉浸在歌舞升平之中的大唐，瞬间由盛世转入战乱之中。

那么，安史之乱到底为什么发生？号称盛世的大唐为什么竟然不能抵御住安禄山的叛乱，安史之乱又对唐朝的政局产生了怎样的影响呢……要回答这些问题，我们还得从头说起。大唐王朝统一全国之后，国力蒸蒸日上，经过唐太宗、唐高宗直至唐玄宗几代君王屡次开疆辟土，先后平定辽东、东西突厥、吐谷浑等地区，使唐朝成为一个疆域极为辽阔的国家。为了加强中央对边疆的控制、巩固边防，唐玄宗于开元十年（722 年）在边疆地区设立了十个兵镇，由九个节度使和一个经略使管理。节度使率兵镇守边地，军力日渐强大，到天宝年间，边镇节度使已经拥兵近 50 万，而中央禁军只有兵力 12 万，如此也就形成了外重内轻、强枝弱干之势。

安史之乱

另外，为了应对边疆战事，唐玄宗不得不以募兵制代替府兵制。这些招募职业军人的兵制解决了征兵困难的问题，但也增加了中央财政的负担。更关键的是，募兵制使将兵之间形成了固定的人身依附关系，导致节度使对军队的控制能力极大增强。节度使的权力越来越大，他们既有其土地，又有其人民，既有其甲兵，又有其财赋，慢慢地形成了尾大不掉之势，各路节度使随之演变成了地方军阀。

各路地方军阀之中，安禄山又最为得势。安禄山是混血胡人，父亲是康国粟特人，母亲是突厥人。他精通多种胡语，善于贿赂朝野政要。他靠贿赂李林甫、巴结杨贵妃而博得了唐玄宗的宠信和重用。天宝初年，东北边疆的奚、契丹不断发动叛乱，唐玄宗感到非常头疼。安禄山出兵平定了叛乱，这令唐玄宗十分高兴，安禄山由此得到重用。

安禄山"外若痴直，内实狡黠"，为了讨好唐玄宗，他干脆认比自己小八岁的杨贵妃为义母。安禄山很胖，"腹垂过膝"。唐玄宗调侃他："你肚子这么大，里面装的是什么呀？"他回答："里面只有一颗对陛下的赤胆忠心。"这样的回答让唐玄宗感到很开心。于是，安禄山官运亨通，一人兼任平卢、范阳、河东三镇节度使，拥兵近20万，实力强大。此时，整个唐朝中央直接控制的兵力才不到8万。如此一来，安禄山就有了起兵对抗中央的军事实力。

安禄山最终起兵发动叛乱，还与他和杨国忠之间的私人恩怨有关。杨国忠当上宰相之后，妒贤嫉能，骄纵跋扈，不可一世。为了独揽大权，他蓄意排挤安禄山，不断在唐玄宗面前告安禄山的恶状，说他要造反。此事成了安史之乱的导火线，后来安禄山叛乱所打的旗号便是"清君侧"。可是，当叛军攻陷洛阳之后，安禄山在洛阳称帝，自称雄武，国号大燕，改元"圣武"。这充分说明安禄山"清君侧"是假，叛乱是真。唐玄宗出逃长安的第二天，到达马嵬坡。在这里，护卫部队发生了兵变，他们杀死了奸相杨国忠，并逼迫唐玄宗赐死杨贵妃。这便是有名的马嵬坡兵变。

马嵬坡兵变之后，百姓一度恳求唐玄宗留下来指挥平叛，但唐玄宗拒绝了，他执意向西逃跑。幸好，太子李亨看到了人心所向，留了下来。他在一伙大臣的拥戴之下奔向了朔方节度使所在地灵武，并在那里称帝，是为唐肃宗。唐肃宗登基之后，遥尊唐玄宗为太上皇。

登基之后，唐肃宗召集唐朝各部将领，部署平叛行动。郭子仪、李光弼等著名将领迅速加入平定安史之乱的军事行动。由此，形势有了转机，大唐王朝开始了艰难的平叛行动。反观叛军，此时却出现了严重的内斗。为了抢夺皇帝宝座，安庆绪杀死父亲安禄山。而安庆绪本人却只知道纵酒享乐。唐朝军队趁机反攻，收复了沦陷一年多的长安，随后又收复了洛阳。

到了这个时候，叛乱的主角又变成了史思明。他不愿意受安庆绪的管制，两人发生了矛盾，于是他率领 8 万军队投降了唐朝。为显示宽宏大度，唐朝任命史思明做范阳节度使。可是，半年之后，史思明再次反叛，并与驻扎在邺城的安庆绪遥相呼应。当时，唐军已经包围了邺城。安庆绪向史思明求援，答应邺城解围之后将大燕皇帝之位让于史思明。史思明禁不住皇帝宝座的诱惑，先率兵解救了困在邺城的安庆绪，随后又设计杀死了安庆绪。

史思明让儿子史朝义守邺城，自己引兵北还，在范阳自称大燕皇帝。史思明的军队一度攻陷了洛阳，使唐军陷入被动。关键时刻，叛军再次出现内讧，就像安庆绪杀死父亲安禄山一样，史朝义也杀死了父亲史思明。唐朝军队抓住机会，打败了叛军，再次收复洛阳。兵败之后，史朝义在逃亡的途中自缢而死。至此，长达八年的安史之乱终于平息。

# 安史之乱的后果

安史之乱从 755 年爆发，到 763 年最终平息，历时八年，中间经历了唐肃宗、唐代宗两任君王。唐朝军队最后虽然打败了叛军，达成了复国的目标，但这场战争成了唐朝由盛而衰的转折点，它对唐朝造成的后果极其严重。

其一，长达八年的战乱让大唐王朝经历了一次空前浩劫，开元盛世所积累的财富在这场战争中化为乌有。中原地区"宫室焚烧，十不存一，百曹荒废，曾无尺椽。中间畿内，不满千户"，战乱之下，广大百姓流离失所，无家可归，整个黄河中下游都呈现出了"千里萧条"的荒凉景象。经过安史之乱，唐朝人口锐减，社会元气大伤。

其二，安史之乱还造成了百姓负担的加重。由于战争造成了人口锐减，劳动力严重不足。此等情形之下，百姓还要负担大量的军费和朝廷财政开支，税收势必加重。统治阶级对百姓的残酷压榨，又进一步激化了阶级矛盾，导致唐朝中后期农民起义比较频繁。

其三，经过安史之乱，唐朝的统治基础受到严重削弱，统一的中央王朝对地方的控制力持续减弱。自此之后，唐王朝由盛而衰，一蹶不振。在平定叛乱的过程中，为了分化瓦解叛军，唐肃宗、唐代宗均鼓励叛军投降，并准许投降的叛军将领继续在原地做官，并统领军队。这种措施对尽快平定叛乱有一定的积极作用，但弊端也显而易见，那就是使全国处于分裂割据的状态之中，形成了事实上的藩镇割据。唐朝末年的藩镇割据，本质上是安史之乱的延续和发展。安史之乱本来就是藩镇反对中央的一场军事叛乱。在平定这场叛乱之后，那些参与平叛的藩镇愈发有资本拥兵自重。经过安史之乱，唐王朝不仅无力收回各地节度使的兵权，还要封赏他们。如此一来，地方节度使的权力越来越大，到后期，唐朝的节度使出现了世袭化的现象，老节度使死了，朝廷很难派新人担任节度使，而必须由老节度使的儿子或部下继任才可以。这样的节度使，事实上已不再是朝廷的命官，而是成了割据地方的"土皇帝"。

其四，安史之乱后，唐王朝失去了对周边地区少数民族的控制。安史之乱一爆发，不得不将原本驻守在西域一带的重兵皆调到内地参与平叛，由此，唐朝的西北和西南边防就出现了空虚，吐蕃人乘虚而入，控制了河西走廊一带。

其五，安史之乱促使中国的经济重心再次南移。安史之乱对北方生产造成了极大的破坏，大量北方人士南渡。南方相对较为稳定，北方人口的南迁，带去了先进的生产技术，促进了江南经济的发展。自此之后，中国经济重心开始转移向南方。

# 晚唐悲风

　　安史之乱之后，大唐王朝开始一步步走向衰落。这一阶段自 763 年安史之乱结束至 907 年朱温（后改名朱全忠）篡位，持续了近 150 年。这个阶段的唐朝，表面上还维持着统一，但中央政府已然失去了应有的权威；这个阶段的唐朝，在政治、经济和社会生活的各个方面都暴露出了难以调和的矛盾；这个阶段的唐朝，就像风烛残年的老人，病态的躯体越来越羸弱，直到生命终结；这个阶段的唐朝，有唐代宗、唐德宗、唐顺宗、唐宪宗、唐穆宗、唐敬宗、唐文宗等十多个皇帝相继当政，但他们都没有能让大唐王朝重现盛世的光景。

　　当然，若说大唐王朝在这近 150 年的时间里毫无作为，那也是不对的。在唐德宗时期，唐朝一度爆发财政危机。为解决财政危机，宰相杨炎于 780 年实施了两税法，即将各种赋税折合在一起，分夏、秋两次收取。这次税收改革的一个重大变化是：自此之后，农业税就按照土地多少来收，而与一个家庭的人头多少无关了。这是中国古代税收制度上一次重大改革。实施两税法之后，税收手续简化了，唐朝的中央财政收入有所增加。

　　唐德宗一度想趁机清除藩镇势力，恢复中央的权威。当时，成德节度使李宝臣死去，他的儿子李惟岳要求继任；淄青节度使李正己死，他的儿子李纳也要求继任。唐德宗断然拒绝了他们的要求，想将节度使的任免权收回中央。不料，李惟岳联合魏博、淄青等地的节度使发动了叛乱。

为了平定叛乱，唐朝只得继续使用借藩镇打藩镇的老办法。平定叛乱之后，参与平叛的几个节度使借口朝廷封赏不公，公然对抗中央，其中有四个节度使直接称王。这还不算完，淮西节度使李希烈认为平叛有功，向朝廷讨价还价，自称"天下都元帅"。正当唐德宗调兵遣将要征讨李希烈的时候，泾原节度使又发动了兵变，他们攻入长安。唐德宗只好逃往奉天（今陕西咸阳乾县），叛军直接拥立泾原节度使朱泚为皇帝。看着朱泚称帝，李希烈不甘落后，也跟着称帝。最后，唐朝虽然平定了朱泚、李希烈等人的叛乱，但也不能削弱藩镇的势力，只能对藩镇割据的现实采取姑息的态度。

**免胄图（局部）**

描写唐朝名将郭子仪泾阳免胄（不穿甲胄），只身单骑与回纥可汗相见的场面。（北宋·李公麟）

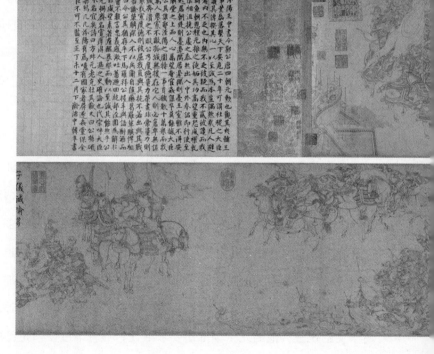

唐德宗驾崩后，唐顺宗继位，他在位不到一年就被迫退位。随后，唐宪宗登基。此时唐朝出现了朋党之争，以牛僧孺为首的"牛党"和以李德裕为首的"李党"互相争斗，彼此倾轧，这种内耗让唐朝的朝政更加恶化。

平心而论，唐德宗和唐宪宗也都算锐意改革的皇帝，无奈藩镇势力已经强大，很难撼动，朝臣也与皇帝离心离德。因此，他们的改革都没有达到预期的效果，藩镇割据的痼疾始终困扰着晚唐朝廷。

除了藩镇割据和牛李党争之外，晚唐政治的另一痼疾就是宦官专权。

唐朝初年政治清明之时，宦官只能主管宫廷内部守卫、洒扫之类的服务性事务，并无政治权力。到了唐玄宗时，他宠信宦官高力士，让他审阅奏折。从此，宦官开始登上唐朝的政治舞台。安史之乱以后，宦官逐渐掌握军权、政权和财权，皇帝的大权旁落于宦官之手。自唐德宗时开始，宦官掌握禁军已成定制，如此一来，晚唐时期的宦官，经常毒杀和废立皇帝。

宦官权力过盛，引起了皇帝和朝臣的共同不满，一些大臣与宦官势力

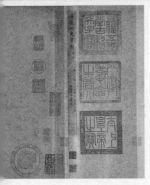

免胄图（续）

进行了斗争。唐德宗驾崩后，唐顺宗继位。他重用文官王叔文、王伾裁决宫中大事，王叔文、王伾又引进了柳宗元、刘禹锡、韩泰、陈谏、韦执谊等官员，企图削弱宦官的权力、革除政治积弊。这便是唐朝历史上的"永贞革新"。但由于宦官势力盘根错节，难以动摇，加上藩镇与宦官内外勾结，致使这场改革中途夭折。

宦官与藩镇两股势力互相勾结，使晚唐的朝政愈发黑暗。从唐宪宗开始，到唐朝灭亡，唐朝后期的皇帝都形同傀儡，十个皇帝中，除了最后一个为朱温所立，其余九个都是宦官所立，其中，竟有唐宪宗和唐敬宗两位皇帝被宦官所杀。连皇帝都成了宦官可以任意摆布的傀儡，大唐的政治秩序之混乱可见一斑。835 年，唐文宗不甘大权旁落，起用李训、郑注等人谋诛宦官。密谋之后，李训令将军韩约奏报，说发现左金吾衙门后院内的石榴树上夜降甘露，诱骗宦官头目仇士良前去查看，企图趁机一举歼灭宦官。但仇士良等宦官到达时，看出了破绽，赶紧返回，并劫持了唐文宗。他们带领五百禁军对大臣进行报复性屠杀，杀掉了一千多名朝臣，致使朝班一空。这便是有名的"甘露事变"。经此事变之后，唐文宗也只能哀叹自己受制于家奴，后来郁郁而终。

唐文宗之后，唐朝又历经唐武宗、唐宣宗、唐懿宗、唐僖宗、唐昭宗、唐哀帝各朝，这些皇帝也都一直没能解决宦官专权的问题，宦官之祸一直延续到唐朝结束。

最后给唐朝致命一击的是王仙芝、黄巢农民起义。这场起义爆发于 875 年，起义的农民军驰骋中原，四次横渡长江，两次横渡黄河，攻占了东都洛阳和西京长安。声势浩大的农民起义不仅屠杀了大量的皇亲国戚、达官显贵，而且彻底摧毁了整个社会秩序，使唐朝再次陷入动乱之中。

在大规模的战乱之中，又涌现出了一大批武装割据的军阀，他们互相火拼，最后形成了两个最有势力的集团——以开封为中心的朱温和以太原为中心的李克用。907 年，朱温废掉了唐哀帝，自立为帝，改国号为梁。至此，唐朝结束，历史进入到五代十国时期。

有一篇有名的古文，杜牧写的《阿房宫赋》。这篇
文章实际上是一篇借古讽今之作——以昔日秦始皇大兴土
木、骄奢淫逸的历史教训，批判唐敬宗宝历年间的奢华、
堕落之风。杜牧自己就明确指出："宝历大起宫室，广声
色，故作《阿房宫赋》。"意思是，唐朝宝历年间，统治
者大兴土木，过着声色犬马的奢靡生活，官场风气和社会
风气都不太健康，所以他才写了《阿房宫赋》予以批评。

　　阿房宫是秦始皇所建的宫苑，据史书记载，其建筑极
尽奢华，充分表现了秦始皇的残暴荒淫。唐敬宗登基之初
就大兴土木，公然步秦始皇的后尘，使原本就江河日下的
晚唐朝政更加脆弱不堪。唐敬宗这个人，堪称晚唐时代的
"顽主"——他绝对是一个玩乐高手，不适合当皇帝。

　　唐敬宗名李湛，登基后根本不把国家大事放在心上，一
心追求享乐。比如，他连皇帝例行的早朝都不能坚持来上。
一次，群臣来到朝堂准备入阁议事，可是敬宗一直到日上三
竿还没有上朝。大臣们只得干等，左等右等，皇帝就是不
来，有的大臣在朝堂上站得太久了，直接就昏倒了。这个时
候，唐敬宗才当上皇帝不久，刚登基就如此任性，你说让人
多失望吧！谏议大夫李渤对唐敬宗提出了劝谏，唐敬宗在大
臣的催促下才姗姗来迟。退朝以后，谏官左拾遗刘栖楚对皇
帝更是极力劝谏，他头叩龙墀，血流不止。敬宗当时表现出

很受感动的样子，但过后仍然不改。对他来说，上早朝简直是比上战场还可怕的一件事，发展到后来，他一个月也难得上朝两三次。皇帝都带头"罢工""懒政"，国家如何治理得好？

唐敬宗对朝政不负责，却对声色狗马的玩乐兴趣大增。宝历元年（825年）十一月，唐敬宗突然想去骊山游幸，大臣们都极力劝阻，他就是不听。拾遗张权舆在大殿叩头进谏，还说："从周幽王以来，游幸骊山的帝王都没有好的结局，秦始皇葬在那里，国家二世而亡，玄宗在骊山修行宫而安禄山乱，先帝（穆宗）去了一趟骊山，享年不长，回来就驾崩了。"

唐敬宗听了这话，反倒引发了更大的兴致："骊山有这么凶恶吗？越是这样，我越是应当去一趟来验证你的话。"到骊山游玩之后，他还对身边的人说："那些向朕叩头的人说的话，也不一定都可信啊！"丝毫不把臣下的意见当回事。

唐敬宗还喜欢到鱼藻宫观龙舟竞渡，有一天突然给盐铁使下诏，他要造竞渡船30艘，要求把木材运到京师修造。这一项的花费总计要用去当年国家转运经费的一半，谏议大夫张仲方等力谏，他才答应减去一半。

唐敬宗还喜欢打马球，他不但自己玩，还要求禁军将士、三宫内人都要参加。宝历二年（826年）六月，他在宫中举行了一次体育盛会，马球、摔跤、散打、搏击、杂戏等，项目很多，参加者也很踊跃。最有创意的是，唐敬宗命令左右神策军士卒，还有宫人、教坊、内园分成若干组，骑着驴打马球，史书记载这一天唐敬宗的兴致很高，一直折腾到夜里一二更才结束。

唐敬宗还喜欢打猎，他觉得白天打猎不过瘾，就深夜带人捕狐狸，称之为"打夜狐"。可以说，唐敬宗的心思全都用到了玩乐上，他在玩乐上也确实颇有"创意"，玩得花样翻新。他是一位马球高手，还善手搏，对摔跤、拔河、龙舟竞渡之类的游戏也是乐此不疲。放在今天，他若参加娱乐达人秀之类的电视节目应该有不错的表现，可是他当皇帝可就太糟糕了。他喜欢豢养大力士，这些人既做他的保镖，又负责陪他玩。

唐敬宗一旦玩得尽兴，就失去了理智。哪怕是对待自己豢养的大力士，他也是动辄就将其配流、籍没；他身边的不少宦官稍有过错，也遭到捶挞、重罚。皇帝当得这么任性，搞得身边人都不堪忍受。最终，唐敬宗也因肆无忌惮的玩乐而命丧黄泉。

宝历二年（826年）十二月，敬宗又一次出去"打夜狐"，回宫之后，兴致盎然，又与宦官刘克明、田务澄、许文端以及击球军将苏佐明、王嘉宪、石定宽等28人饮酒。刘克明、苏佐明这些陪他玩的人，时刻提着小心，怕遭严惩，于是，他们乘唐敬宗入室更衣之际同谋将其杀害，这一年，唐敬宗只有18岁，当皇帝的时间也仅有两年。

# 晚唐时期的党争

唐朝晚期的党争并没有什么实质上的理念之争、路线之争，争斗的实质就是争权夺利。双方越斗越水火不相容，一派上台，必将另一派"赶尽杀绝"。

唐武宗时，李党首领李德裕入朝为相，他立马利用手中的大权打击牛党大佬牛僧孺和李宗闵。他以各种借口，在不到两个月的时间里，三次贬牛僧孺和李宗闵，将他们分别流放到循州（治今广东惠州）和封州（治今广东封开）。

后来，唐宣宗即位，牛党头目白敏中受到重用，他执政时又打击报复李党人士，"凡德裕所善，悉逐之"，即凡是跟李德裕关系好的朝臣，一律遭到清除。白敏中罗织李德裕的罪状，李德裕被贬为潮州司马，随后又贬为崖州司户参军。李德裕经不起这样的严厉打击，死掉了。

牛李党争时，朝臣的命运完全与"站队"捆绑在了一起。牛党领袖做宰相时，牛党一派的官员就可以加官晋爵，平步青云。可是，当宰相换成李党领袖时，那么，牛党一派的官员就会遭到贬谪、打击，腾出的位子则就让给了李党人士。

有个李党成员叫李让夷，他靠同党引荐，当上了谏议大夫兼起居舍人事。后来，李德裕失势，李让夷也跟着遭到贬斥。唐武宗初期，李德裕再次当上宰相，李让夷也随之连升三级，由尚书右仆射提拔为中书侍郎、同平章事。

牛党成员李汉的命运亦是一样，他"尤为李德裕所憎"。在牛党得势时，他官职连升，最后升为吏部侍郎。可在此时，牛党领袖李宗闵得罪了皇帝，被"罢相"。李汉随之被贬为汾州刺史，后改为汾州司马，"诏有司不二十年不得用"，后徙为绛州长史，大中时，拜宗正少卿，直到死也没有再回到京城。

著名诗人白居易也受到牛李党争的牵连。白居易并未加入党争，他只是以诗文会友，与牛党成员有交往而已。可就是这样，他还是招致了李德裕的嫉恨。当唐武宗想重用白居易时，李德裕就在唐武宗面前说白居易的坏话，说他有重病，不堪重用。结果，唐武宗听信了李德裕的谗言，白居易也就没得到重用。

牛李党争的背后，还有宦官势力参与其中，两党人士都借助宦官来打击异己。比如，牛党领袖李宗闵勾结宦官杨承和，以此来排挤李德裕。而李德裕则讨好宦官杨钦义，两人合力排挤牛党。此外，牛李党争还和藩镇势力之间有着千丝万缕的联系。有支持牛党的藩镇，也有支持李党的藩镇。牛党得势时，有一些藩镇拍手称快，而另一些藩镇则心怀不满；待李党得势时，情况恰好反过来。如此一来，党争、宦官、藩镇三股痼疾搞得唐朝政局十分混乱，元气大伤。

关于牛党和李党的党争问题，陈寅恪在《唐代政治史述论稿》中指出，牛党成员多是通过科举入仕的官员，而李党成员则多出身士族，两党之争是士族和庶族之间的权力斗争。可是，《剑桥中国隋唐史》一书通过更精确的实证指出：两党在科举出身和士族出身的人数上是旗鼓相当的，两党之争并非"士庶之争"。后来又有学者对两党成员的出生地进行统计分析，得出的结论是：李党成员主要是山东士族，牛党成员主要是关陇士族，两党之争完全是士族内部的斗争，或可称为山东派与关陇派之间的郡望之争。不过有一点是可以肯定的：不论牛党和李党如何争斗，争来争去，全无胜者。党争恶化了唐朝的官场风气，进一步加速了唐朝灭亡。